MONIKA DIMPFL — IMMER VERÄNDERLICH

Monika Dimpfl

Immer veränderlich

Liesl Karlstadt (1892 bis 1960)

Herausgeber: Monacensia.
Literaturarchiv und Bibliothek

Inhalt

Wellano, Italiano, lebst aa no! 7

O nimm mir diesen Stein vom Herzen 21

Die zwei großen Mundart-Kinder 47

Man ist schließlich Schauspielerin 70

Halte aus im Sturmgebraus 89

Gschenkt krieg i a nix! 106

Mei, heid is's zünfti 116

Wellano, Italiano, lebst aa no!

Ich bin natürlich eine geborene Münchnerin und zwar bin ich in Schwabing drunten geboren. [...] Mein Familienname ist eigentlich genau gesagt Elisabeth Wellano, ein italienisch klingender Name, unter dem ich sehr viel zu leiden hatte, schon in der Schule. Meine Schulkameradinnen, die haben immer geschrien: »Wellano, Italiano, lebst aa no!«[1]

Vom Kind Elisabeth Wellano ist wenig überliefert: ein Familien- und ein Kommunionfoto, zwei Schulzeugnisse, ein Aufsatzheft, amtliche Daten, dazu ein paar Erinnerungen, von ihr selbst erzählt, später, als sie schon die Liesl Karlstadt war, geboren am 12. Dezember 1892 in der Zieblandstraße 11.

Die erste Erinnerung an meine Kinderzeit ist eine Puppe mit echtem Haar und Porzellankopf. Mein größerer Bruder nahm sie mir aus der Hand und warf sie zur Decke – die grosse Freude hat also nicht lange gedauert.[2]

Die Eltern kamen aus Niederbayern, aus Osterhofen der Vater Ignaz Wellano, aus Regen die Mutter Agathe, geborene Edenhofer. Von ihren neun Kindern – Elisabeth war das fünfte – starben vier schon im Kleinkindalter.[3] Das erste und einzige Familienfoto zeigt das dreijährige Lieserl mit ihren Eltern und den Geschwistern Maria (geb. 1884 Osterhofen), Franz Xaver (geb. 1888 Stadtamhof) und Hermann (geb. 1894 München)[4]. Der Vater arbeitete zeitlebens als schlecht bezahlter unselbständiger Bäcker; ein Versuch der Mutter, vermutlich gegen Ende 1904 – Elisabeth war damals zwölf Jahre alt – mit einem Milchladen auf der Schwanthalerhöhe dazuzuverdienen, scheiterte.[5]

Die ungeheuer beengten Wohnverhältnisse gehörten genauso zur Unterschichtskindheit wie die häufigen Umzüge innerhalb Schwabings und natürlich die materiellen Entbehrungen, das Sparen- und Teilen-Müssen.

*Wie bescheiden sind wir doch damals aufgewachsen. In der Vorweihnachtszeit hat uns die Mutter Geschichten erzählt – am Samstag gabs einige selbstgebackene Weihnachtsplätzchen u. manchmal wenn ich recht brav war, durfte ich mir für 10 Pfennig ein Stück Girafftorte kaufen, was meine Leibspeise war. Immer dachte ich mir dabei, wenn i amal gross bin – kauf ich mir eine **ganze** Girafftorte. Aber später änderte sich mein Geschmack.*[6]

Die Wellanos lebten mit bis zu fünf Kindern, die den nachts arbeitenden und tagsüber schlafenden Vater nicht stören durften, in einem einzigen Raum. Sie wechselten rund 15mal die Adresse, bis Elisabeth als Lehrmädchen von daheim auszog.[7]

Sie fragen, ob ich als Kind schon fleißig Theater gespielt hätt'? Keine Spur. Schullehrerin hab' ich werden wollen.[8]

Das ging nicht, weil sie früh verdienen mußte, war jedoch kein ungewöhnlicher Berufswunsch für ein gescheites kleines Mädchen, das *mit Begeisterung* in die Schule ging und sich andere Aufstiegsmöglichkeiten vorläufig wohl gar nicht ausdenken konnte.

Ich brachte auch durchwegs lauter einser mit nachhause. Sieben Jahre besuchte Elisabeth Wellano »mit sehr großem Fleiß« und »sehr lobenswürdigem Betragen« die Werktagsschule an der Amalienstraße. Ihr »Entlaßzeugnis« vom Juli 1905 war ebenso musterhaft wie das Zeugnis zum Abschluß der anschließenden dreijährigen Sonntagsschulzeit.[9]

Lauter einser erhielt sie auch für die Aufsätze über einen *Landaufenthalt* im Dorf Riedering bei Rosenheim, die in einem nachträglich auf 1906 datierten, bislang unveröffentlichten *Aufsatzheft für Elsa Wellano* stehen.

Mein Landaufenthalt!
Dank der unermüdlichen Sorge meines (Fräulein) Lehrerin durfte ich schon frühzeitig die Ferien antreten u. auf das Land. Welch' große Freude war es, als ich am 11. Juni auf den Bahnhof durfte? Um 10 Uhr ging es dahin. Das Dampfroß trug mich durch Wiesen, Felder u. an vielen Bahnstationen vorbei. In Rosenheim angekommen, konnte ich kaum mehr die nächste Station er-

warten. Der Zug hielt an. Ich stieg aus, u. schon stand das Fräulein Köchin am Perron, um mich abzuholen. Der Weg führte nun an lauter Wiesen und Wälder vorbei. Kaum waren wir ¼ Stunde lang gegangen, als ich schon die hochgelegene Kirche von Riedering erblickte. Aber immerhin hatten wir noch ½ Stunde Weges zurückzulegen. Es war sehr schwer weiter zu kommen, da durch das fortwährende Regnen der ungepflasterte Boden, einem Sumpf gleich, aufgeweicht wurde. Den ganzen Weg entlang hatte ich eine wunderbare Aussicht auf die Berge. In Riedering angekommen, wurde ich vom Hochwürdigen Herrn Pfarrer liebreichst aufgenommen. Nachdem mir die gute Köchin mein Zimmer angewiesen hatte, brachte sie mir einen Teller voll Wurstwaren, ein Stück Butter u. ein Glas Milch. Es wurde Abend. Nach dem Gebetläuten begab ich mich zur Ruhe. Die ganze Nacht schlief ich, ohne einmal wach zu werden. [...]

Man merkt das Bemühen der Dreizehnjährigen um Genauigkeit und ihren Sinn für das Konkrete, dazu am ziemlich unkonventionellen Gebrauch der Fragezeichen ihre überraschende Fähigkeit zur Relativierung von Feststellungen – auch den eigenen, was sie ja später in den Dialogen mit Karl Valentin so unnachahmlich auf die Spitze treiben sollte. Auffallend ist freilich noch eine weitere, in allen fünf Aufsätzen – und übrigens auch in der eingangs zitierten *ersten Erinnerung* – wiederkehrende Denkfigur, die man Einschränkung nennen könnte; bei all den schön und brav-naiv erzählten Ferienfreuden ist nämlich immer ein »aber« mitgedacht und hingeschrieben. So folgen die Berichte über Ausflüge und Sommervergnügen in ihrem emotionalen Verlauf auch keiner geraden Linie, sondern einer Kurve, die von oben nach unten und oft erst zum Schluß wieder nach oben verläuft. Dabei wird durchwegs mit großem, freudigem Schwung begonnen; doch dauert die ungetrübte Freude selten lange an, denn es kommen *Unannehmlichkeiten* ins Spiel; die Stimmung ändert sich; sie schlägt ins Gegenteil um. Da werden beispielsweise bei einem *Besuch der Wallfahrtskirche in Neukirchen* die Ausflügler von einem Gewitter überrascht, das *nun unsern heitern Mut ganz u. gar verdorben hatte*. Und mit geradezu lustvollem, ja schadenfrohem Eifer sind im Aufsatz über den *Sommer* nach den eingangs eher pflichtgemäß aufgezählten und – deutet man hier die Fragezeichen als unbewußten Kommentar – zudem unsicheren Freuden die umso gewisseren Tücken der *schönsten der 4 Jahreszeiten* geschildert:

Der Sommer.
Die schönste der 4 Jahreszeiten ist der Sommer. Er bietet ein Vergnügen nach dem Andern; doch besitzt er auch viele Unannehmlichkeiten. Jetzt wollen wir uns die Lichtseiten dieser heißen Jahreszeit zuerst betrachten. Welche Wonne ist es, wenn früh Morgens die Sonne ihre Strahlen herabschickt u. in die schläfrigen Gemüter der Menschen neue Lust u. Kraft sendet? Die Bäume grünen u. tragen Früchte; Rosen u. Veilchen verbreiten ihren wohlriechenden Duft; zwitschernde Vöglein sitzen in den Zweigen der Bäume, muntere Danklieder singend. Überall ist heiteres Tun u. Treiben bemerkbar. Alles eilt hinaus in die freie Natur, um der Sommerfreuden teilhaftig zu werden. Die Leute in der Stadt suchen Verwandte u. bekannte Leute auf dem Lande auf, bei welchen sie den Sommer durch Wohnung nehmen. Wie atmen sie auf, wenn sie aus der nebeligen, staubigen Stadt herauskommen, u. die freie Landluft genießen können? Aber bald werden sie andere Gesichter machen, wenn der Landmann mit dem Odlfaß auf dem Wagen vorbeifährt, wenn die Mucken u. Stauntzen kommen, u. ihnen überall Stiche versetzen; wenn sie beim Spaziergange schwitzen müssen, daß sie vor Müde nicht mehr weiter kommen. Da wird die Jahreszeit mit ihren Freuden den Sommerfrischlern zur Last. Auch ist es nicht immer angenehm, wenn man sich weit von zuhause entfernt, die Wunder der Natur zu betrachten; plötzlich färbt sich der Himmel, schwarze Wolken ziehen herauf u. verdecken die glühende Sonne. Es erhebt sich ein mächtiger Wind, u. im nächsten Augenblick fallen schon schwere Tropfen. Es donnert u. feurige Blitze fahren am Himmel hin u. her. Tropfnaß kommt man dann heim; also auch hier verwandelt sich die Sommerlust in Leid. ...

Freilich durfte kein Aufsatz so enden: *Doch die Freuden und Vergnügungen des Sommers sind weit mehr als die Schattensei-*

ten desselben. Der Sommereinzug wird doch immer mit einem Freudengeschrei empfangen.

Schließlich sollte *doch* jeder Tag als ein *herrlicher Tag* in *steter Erinnerung* bleiben und im Heft stehen. Wobei man zwischen den versöhnlichen, optimistischen Schlußzeilen die Anpassungsleistung spürt, die vielleicht auch schon ein Rollen-Spiel war, freilich eines im wirklichen Leben, in dem die Erwartungen an ein dankbares, frommes Kind zu erfüllen waren.[10]

Als ich aus der 8. Klasse entlassen wurde, hab ich mich freiwillig beim nächsten Einschreiben gemeldet – denn ich wollte unbedingt noch weiter in die Schule gehn. Das wurde mir zu meinem grössten Leidwesen nicht genehmigt – weil ich in die Lehre musste. So kam ich als Lehrmädchen zur Firma Eder.[11] *[...] Da hab ich im Monat als Lehrmädel 10 Mark verdient. Und dann, nachdem ich 2½ Jahre dort gelernt hab, bin ich zur Firma Tietz gegangen, weil ich damals ein Angebot gehabt hab als Anfangsverkäuferin mit 45 Mark im Monat.*[12]

Im Januar 1906, mit 13 Jahren, begann Elisabeth Wellano ihre Lehre als Textilverkäuferin. Wahrscheinlich ist sie noch im selben Jahr zuhause ausgezogen, um – laut Meldebogen ab September 1906 – bei Eder, Viktualienmarkt 14, auch zu wohnen. Vom 1. Juli 1908 bis zum 15. Februar 1911, im Alter zwischen 15 und 18 also, arbeitete sie im Warenhaus Hermann Tietz, in der Kurzwarenabteilung, erst als Volontärin, dann als Verkäuferin.[13] Die Kindheit war unwiderruflich zu Ende. Anfang 1909 war der erst 15jährige Bruder Hermann und zwei Monate später, am 22. Juni 1909, die sehr geliebte Mutter gestorben. Der Vater überlebte sie um fünf Jahre; er starb am 13. Dezember 1914, einen Tag nach Liesl Karlstadts 22. Geburtstag.

Vor allem der Tod der Mutter wird den Ablösungsprozeß von der Familie beschleunigt und die Entscheidung für die Bühne erleichtert haben. Zunächst bedeutete dieser Tod aber auch die Übernahme einer neuen Verantwortung für ihre auf den Tag genau zehn Jahre jüngere Schwester Amalie. Aus der Fürsorge für die damals Sechsjährige entstand eine lebenslange Bindung und innige Gemeinschaft zwischen den Schwestern. »Meine so von Herzen geliebte Schwester erzog mich nun und nie werde ich vergessen wie schön Weihnachten immer war«, erinnerte sich später Amalie Wellano. »Liesl holte mich in der vorweihnachtlichen Zeit von der Schule ab und wir gingen auf eine Stunde in den Englischen Garten. Dort bei unserem Spaziergang erzählte sie mir die schönsten Weihnachtsgeschichten, dann lenkte sie mich ab, nahm aus der Tasche eine vergoldete Nuss oder einen Tannenzapfen, warf ihn in den Schnee und sagte zu mir: schau, da hat das Christkind etwas verloren. Immer wieder glaubte ich daran, und wie glücklich war ich darüber.«[14]

Vielleicht war die Sorge für die kleine Schwester Amalie ein zusätzlicher Antrieb, sich eine eigenständige Existenz aufzubauen. Daß ihr das außerhalb der vorgezeichneten kleinbürgerlichen Lebensperspektive gelingen und sie auf dem Podium bei den Volkssängern mehr Erfolg als hinter dem Ladentisch im Kaufhaus haben könnte, scheint Liesl Karlstadt 1910, möglicherweise auch schon 1909 gemerkt zu haben.

Also, bis zu meinem 17. Lebensjahr bin ich kaum ins Theater gekommen. Ich weiß bloß einmal, wie mich mein erwachsener Bruder in die Neuhauserstraße geführt hat, in den damaligen Bamberger Hof. Und das war ein sehr gutes Lokal, ein beliebtes Volkssängerlokal.[15]

Ganz genau läßt sich heute nicht mehr feststellen, wann und wie Liesl Karlstadts Bühnenlaufbahn wirklich begann. Sie selbst erzählte gerne die Geschichte vom Bamberger Hof, wo sie mit solcher Begeisterung und Hingabe einer Münchner Volkssängertruppe *mit dem schönen Namen »Schnackl Franz«* zugehört habe, daß deren Direktor sie aus dem Publikum heraus angeworben und engagiert habe.

Nach einem schweren Auftritt zuhause mit dem Vater, kündigte ich bei Tietz u. kam als Anfängerin u. jugendliche Soubrette zu der Truppe, die vom Bambergerhof in den Frankfurter Hof in der Schillerstrasse engagiert wurde.[16]

Eine andere Version stammt von der Volkssängerin Mizi (Mirzl) Meier. Ihren Brief zitiert Theo Riegler in seiner Karlstadt-Biographie: »Ich bin eine der ältesten Volkssängerinnen und in

München unter dem Namen Mizi Meier bekannt. Ich möchte Ihnen schreiben, wie die Liesl Karlstadt zur Bühne kam. Mein verstorbener Mann Adalbert Meier hatte im ›Frankfurter Hof‹ in der Schillerstraße eine Dachauer Bauernkapelle. Wir suchten zur Zeit eine Anfängerin. Ein Musiker von uns sagte, daß er ein Mädel kennt, die beim Tietz Verkäuferin ist. Mein Mann ging hin und engagierte Liesl. Sie war voller Freude. Nun wurde sie unser Lehrmädchen. Sie kam zur Probe. Stimme hatte sie ganz wenig, aber in Komödien konnte man sie brauchen. Ich habe mit ihr Duette studiert: ›Die flotten Mäderl‹, ›Waschermadeln‹ usw.«[17]

Im Nachlaß Liesl Karlstadts liegt noch das alte Schulheft, das zum Lernen benützt wurde; *Couplets und Lieder für Elise Wellano* schrieb sie in Schönschrift auf den Umschlag, und der erste Eintrag ist tatsächlich das Lied der »Waschermadeln«:
»So wie's uns drei da sehg'n,
so san mir jederzeit
san allweil kreuzfidel
kerngesunde Waschersleut.
Ham stets an froh'n Humor
san bei der Arbeit schnell
traurig sein tun ma net,
nur kreuzfidel.
Diulio [...]«[18]

Riegler beschreibt auch, wie Elise Wellano anfangs noch als Verkäuferin arbeitete, in den Mittagspausen ein paar Straßen weiter im Frankfurter Hof probte und abends dann im Flitterkleid als Soubrette auf dem Podium stand. Zum 15. Februar 1911 kündigte sie bei Tietz; im Zeugnis steht: »Dieselbe war stets treu und fleißig und stellten uns ihre Leistungen zufrieden. Ihr Austritt erfolgt auf eigenen Wunsch.«

1 Hörfunkinterview mit Liesl Karlstadt aus den 50er Jahren; Mitschrift nach der Ausstrahlung am 3. Oktober 1995, in: Marie Bardischewski: Liesl Karlstadt »Ein Stück von ihm«. Co-Produktion Bayerischer Rundfunk und ORF 1995.

2 Liesl Karlstadt: Alte Münchnerinnen. Interview. Handschriftliche Notizen. 5 S. In: Nachlaß Liesl Karlstadt, Monacensia. Literaturarchiv. Der zitierte Abschnitt ist im Original durchgestrichen.

3 Eine Familienchronik von Liesl Karlstadt verzeichnet ihre Vorfahren: Urgroßeltern väterlicherseits: Ignatz Wellano, Bäckermeister u. Kaminkehrer in Osterhofen, geb. 1789, und Franziska, geb. Lehnauer, geb. 1788 (Osterhofen), Heirat in Osterhofen 4. August 1812. Urgroßeltern mütterlicherseits: Josef Edenhofer, Krämer in Regen, 16. Juli 1785 (Reinhardsmais) – 10. Mai 1840, und Barbara, geb. Karl, Schuhmacherstochter, 26. Januar 1796 (Regen) – 8. August 1867 (Regen). Großeltern: Ignatz Wellano, Bäckermeister in Osterhofen, 21. Juli 1814 (Osterhofen) – 3. Dezember 1901 (Osterhofen) und Anna, geb. Zimmermann, 7. Mai 1825 (Hengersberg) – 27. März 1909 (Grafling), Heirat in Osterhofen 28. April 1846; Ludwig Edenhofer, Orgelbauer, 3. September 1828 (Regen) – 25. August 1895 (Regen) und Agathe, geb. Strobl, Kaufmannstochter, 2. April 1838 (Zwiesel) – 3. April 1875 (Regen), Heirat in Regen 24. April 1860. Eltern: Ignaz Wellano, Bäcker, 11. Februar 1853 (Osterhofen) – 13. Dezember 1914 (München) und Agathe, geb. Edenhofer, Orgelbauerstochter, 24. Oktober 1862 (Regen) – 22. Juni 1909 (München), Heirat in Osterhofen 23. November 1882. Zuzug der Eltern nach München laut Hauptliste Stadtarchiv München: 28. September 1889; Heimatrecht in München: 22. Januar 1904. Die Dokumente verzeichnen folgende Kinder der Eheleute Wellano: Maria (geb. 13. April 1884 Osterhofen); Ludwig (6. März 1886 Regensburg – 12. Februar 1890); Franz Xaver (geb. 4. Januar 1888 Stadtamhof); Agathe (22. Dezember 1889 – 27. Februar 1891); Elisabeth (geb. 12. Dezember 1892 München); Hermann (24. Mai 1894 München – 29. April 1909); Josef (16. Januar 1897 München – 11. März 1901); Ludwig (9. Mai 1900 München – 28. Oktober 1900); Amalie (geb. 12. Dezember 1902 München).

4 Bei den publizierten Einzelporträts der dreijährigen Liesl Karlstadt, ihrer Mutter und ihres Vaters handelt es sich um vergrößerte Ausschnitte aus diesem Familienfoto.

5 Meldebogen im Stadtarchiv München: ein Milchladen, Schwanthalerstr. 140, ist nur vom 29. August 1904 bis 10. Januar 1905 verzeichnet.

6 Karlstadt: Alte Münchnerinnen. Interview. Über die Girafftorte vgl. das Kapitel »Halte aus im Sturmgebraus«.

7   Bei Theo Riegler: Das Liesl Karlstadt Buch, München: Süddeutscher Verlag 1961, S. 6 f. weitere Beispiele materieller Armut: Hauptspeise Kartoffeln und trockenes Brot; um 10 Pfennig warmer Leberkäs für alle Kinder; Sparen auf angestoßenes Obst; Firmung mit der Kramerstochter als Firmpatin und eine Fahrt per Dampftrambahn nach Nymphenburg usw.

8   Münchner Porträts. Liesl Karlstadt als »Kameliendame«. Interview von Irene Sack. In: Süddeutsche Sonntagspost Nr. 12, April 1929. (Vermutlich das erste veröffentlichte Interview mit Liesl Karlstadt).

9   Beide Zeugnisse mit den Noten »sehr gut« in allen Fächern (bis auf »Schönschreiben«) in der Familienchronik. Besuch der St. Ludwigsschule an der Amalienstraße (Werktagsschule): 5. September 1898 bis 14. Juli 1905, der Sonntagsschule an der Gabelsbergerstraße: 8. September 1905 bis 14. Juli 1908.

10 Fortsetzung und Schluß ihres Aufsatzes »Mein Landaufenthalt« entsprach ganz solchen Erwartungen: »[...] Um 6 Uhr stand ich auf, trank heiße Milch u. ging um 7 Uhr in die Kirche, was ich alle Tage tue. Alle Sonn- und Feiertage gehe ich in das Frühamt, den Haupt- u. Nachmittagsgottesdienst, die Christenlehre u. in die Feiertagschule. Ist es schön Wetter an Werktagen so helfe ich Nachmittag bei der Gartenarbeit, oder ich erhalte vom Hochwürden Herrn Pfarrer die Erlaubnis bei der Feldarbeit, beim sog. »Heuen« mitzuhelfen, was mich sehr freut. Vormittag bin ich immer in der Küche beschäftigt. So vergeht Tag für Tag u. nur zu bald wird es heißen: »den Heimweg antreten!« Lange noch wird mir die Gutherzigkeit u. Mildtätigkeit des Herrn Pfarrer eingedenk bleiben, u. werde Gott bitten, daß er ihm diese Wohltat reichlich vergelten werde, da es in meinen Kräften nicht steht! Vergelts Gott! Ihnen!« (Aufsatzheft im Nachlaß L. K., Monacensia.)

11 Karlstadt: Alte Münchnerinnen. Interview.

12 Hörfunkinterview Karlstadt, Mitschrift nach Bardischewski.

13 Vgl. Warenhaus Hermann Tietz: Zeugnis für Fräulein Elise Wellano, München, 15. Februar 1911. In: Familienchronik. Die genannten und bisher nirgends berücksichtigten Daten berichtigen die falsche, um drei Jahre zu hohe Altersangabe schon bei Riegler (Karlstadt Buch, S. 8) und dann bei allen ihm folgenden Autoren. Irrtum z. B. auch bei Michael Schulte: Karl Valentin. Eine Biographie. Hamburg: Hoffmann und Campe, 1982. Über Karlstadt: S. 47–63.

14 Amalie Wellano: Einige Aufzeichnungen über meine geliebte Liesl. Typoskript. In: Nachlaß L. K., Monacensia. »[...] Ich bin glücklich, daß ich ihr in späterer Zeit all die Liebe zurückgeben konnte, die ich in meiner Kindheit von ihr erfahren durfte.« Amalie Wellano: Zum

Geleit. In: Gudrun Köhl: Liesl Karlstadt. Unsterbliche Partnerin Karl Valentins. München: Verlag Wilhelm Unverhau 1980, S. 5.
15 Hörfunkinterview Karlstadt, Mitschrift nach Bardischewski.
16 Karlstadt: Alte Münchnerinnen. Interview.
17 Zit. nach Riegler: Karlstadt Buch, S. 9–10.
18 Auf »D'Waschermadeln« (3 Strophen) folgen die Couplets »Gemüts Duett«, »Männer Couplet«, »Die Männer sind treu!«, »Schnurrbart« und »Den letzten Vers nochmal«. Vgl. »Couplets und Lieder für Elise Wellano«. Heft in: Nachlaß L. K., Monacensia.

Die Eltern Ignaz und Agathe Wellano um 1895 mit ihren Kindern (von links) Maria, Elisabeth, Franz-Xaver und Hermann

Die junge Elisabeth Wellano

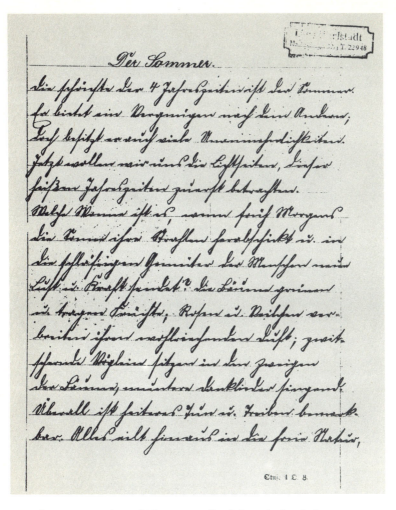

»Der Sommer« aus ihrem bisher unveröffentlichten Aufsatzheft

Gebühr 45 Pfg.

Werktagsschul-Entlaßzeugnis.

Villano Elisabeth

katholischer Konfession, geboren am 12ten *Dezember* 1891 zu *München*, ~~Kgl. Bez.-A.~~ _____, *Tochter* eines *Händlers*.

hat die Werktagsschule in **München** mit/~~ohne~~ Unterbrechung vom 5ten *Sept. 1898* bis zum 14ten *Juli 1905*, also 7 Jahre, und zwar zuletzt die *7*te Schulklasse mit *sehr großem* Fleiße besucht, ein *sehr lobenswürdiges* Betragen gepflogen und wird nach Erfüllung der Vorbedingungen aus derselben entlassen.

In den einzelnen Lehrgegenständen hat sich *dieselbe* bei der Entlassung folgende Noten erworben.

Religion:	I d.i. sehr gut,	**Geschichte:**	I d.i. sehr gut,
Lesen:	I d.i. sehr gut,	**Naturkunde:**	I d.i. sehr gut,
Sprachlehre:	I d.i. sehr gut,	**Schönschreiben:**	I d.i. gut,
Rechtschreiben:	I d.i. sehr gut,	**Zeichnen:**	I d.i. sehr gut,
Aufsatz:	I d.i. sehr gut,	**Singen:**	I d.i. sehr gut,
Rechnen:	I d.i. sehr gut,	**Turnen:**	I d.i. sehr gut,
Geographie:	I d.i. sehr gut,	**Handarbeit:**	I d.i. sehr gut,
	Hauptnote:	I d.i. sehr gut	

Erste Impfung den 27ten *Mai* 1892

Zweite Impfung den 25ten *April* 1904

Erster Eintritt in die Werktagsschule am 5. *September 1898*

zu *München*, Bez.-A.

Bemerkungen: _____

München, *Ludwigs*-Schule an *der Amalienstraße*

Am 14ten *Juli* 1905.

Oberlehrer: *Friedinger*   Kgl. Bezirksschulinspektor: *L. Gebhinger*   Lehrer: *K. Zeller*

Noten-Stufen:
I — sehr gut.
II — gut.
III — genügend.
IV — ungenügend.

Mitgezeichnet: *Wirschensteiner*
Kgl. Stadtschulenkommissär.

Schulformular Nr. 103. (B)

O nimm mir diesen Stein vom Herzen

Im Mai 1911 unterschrieb »Frl. Liserl Wellano« den Bühnenkontrakt mit Adalbert Meier, Konzertunternehmer. Sie wurde für ein Jahr, vom 1. Juni 1911 bis 1. Juli 1912, als Sängerin engagiert, mit einer Gage von 90 Mark im Monat; das war das Doppelte von dem, was sie vorher als Verkäuferin verdient hatte. Sie sang Couplets und im Chor, tanzte, jodelte und spielte Komödie. Ihr Debüt soll sie im Frankfurter Hof (München, Schillerstraße am Hauptbahnhof) gegeben haben, nach eigenen Angaben 1911 bei Adalbert Meiers »Gesellschaft die lustigen Dachauer«. Mit Meier gastierte sie 1911 auch in Augsburg: *meine erste Gastspielreise ins Ausland 1911* schrieb sie unter ein Foto vom Augsburger Konzerthaus Café Kuß.[1] Zwischen 1911 und 1915 spielte die vielseitig begabte Anfängerin aber auch mit anderen Volkssängertruppen und oft jeden Abend in einer anderen Gastwirtschaft, so mit der Gesellschaft »Gum-Kaufmann« in der Max-Emanuel-Brauerei, der Stieglmaier Bierhalle oder beim Baderwirt, außerdem mit »Chr. Kippers 1. Münchener Possen-, Sing- und Schauspielensemble« im Gasthaus zur Gemütlichkeit, in Amanns Bierhalle, den Zentralsälen, der Stadt Orleans, dem Restaurant Marsfeld, dem Kurgarten Nymphenburg oder bei Adlmann. »Ambulant spielen« nannte man das.[2] Auf dem Programm standen Schwänke und Schauerdramen, mit so vielversprechenden Titeln wie »Der Wilderer oder Aus Liebe zum Mörder«, »Gerichtet!«, »Mei Seeliger, dös war a Mo«, »Verbotene Früchte«, »Napoleon Bonaparte«, »Die Jungfrau von Orleans« (bei »Kipper« ein Schwank mit »Frl. E. Wellano« als Ottilie, Fabrikantentochter) oder »Am Glück vorbei«, in Wahrheit eine zu Tränen rührende Fassung der Kameliendame, in der »E. Wellano« die Hauptrolle der Marguerite Gauthier spielen durfte. Und in Karl Valentins lebenslangem Lieblingsstück »Der Müller und sein Kind« spielte Elisabeth Wellano an Allerseelen 1912 die unschuldige Marie, Müllerstochter; die Rolle des Liebhabers in diesem Rührstück von Ernst Raupach, den Konrad mit der Flöte, soll Valentin übrigens auswendig gewußt haben.[3]

Ein Liebespaar waren Elisabeth Wellano und Karl Valentin 1912 zwar noch nicht auf der Bühne, dafür aber bereits heimlich im wirklichen Leben. Valentin soll das naive »Madl« damals sogar vor einer zwielichtigen Tournee nach Petersburg »gerettet« haben.[4]

Beide erzählten später, sie hätten sich 1911 im Frankfurter Hof kennengelernt. Natürlich gibt es auch darüber eine Anekdote. Es soll nämlich diese erste Begegnung gleich zu einer ersten Auseinandersetzung geführt haben, die das weitere Schicksal des Frl. Wellano tiefgreifend beeinflußte. Denn so wie sie über das Aussehen des zehn Jahre älteren, schon etablierten und recht gut verdienenden »Salonkomikers« geradezu erschrak, so hatte er seinerseits am Auftritt der Kollegin allerhand auszusetzen.

Im »Frankfurter Hof« [...] haben wir beide, also Karl Valentin und ich, uns zum erstenmal gesehen. Im ersten Augenblick bin ich ja erschrocken über sein Aussehen. Er war furchtbar mager und seine roten Haare – und Sommersprossen hat er gehabt; [...] dieses irrsinnig Komische, was er gehabt hat, in seinen Augen [...] Ich war Anfängerin damals und hab Komödien gespielt, wie es in den Volkssängerprogrammen so üblich war, und bin aber auch schon als kleine, junge Solistin aufgetreten, in einem Flitterkostüm als Soubrette, wie's damals so Mode war. Und hab gemeint natürlich, ich mache meine Sache gut – hab ich geglaubt. Selbstverständlich hab ich ganz gut gefallen, ich war ja ein junges, nettes Mädel – »dantschig«, wie wir sagen. Und der erste, der mit mir nicht einverstanden war, das war nun Karl Valentin. Der hat zu mir gesagt: »Sie, Fräulein, Sie sind als Soubrette aufgetreten, heut hab ich Sie zum erstenmal gesehen. Des is nix. Wissen's, Sie san so schüchtern, und so brav schaun Sie aus. A Soubrette muß ganz keß sein, die muß an Busen habn. [...] Aber Sie sind sehr komisch, Sie müssen sich aufs Komische verlegen.« Daraufhin war ich natürlich zum erstenmal beleidigt.[5]

Karl Valentin sah also, wie Rudolf Bach später formulierte, »daß hier ein starkes Talent auf falschen Wegen ging.«[6] »Er wies sie zum Komischen.« Was konkret bedeutete, daß er ihr eine neue Rolle schrieb.

Und dann sagt er: »Ja, Sie müssen sich aufs Komische verlegen, ich schreib Ihnen einmal in nächster Zeit a komisches Soubrettencouplet, also eine Parodie auf eine richtige Soubrette. Und des bringens.« Und das hat er mir dann einmal geschrieben, das hab ich auswendig gelernt, hab ich mich aber nicht so schön angezogen im Flitterkleid, sondern schon a bissl komisch gemacht. Damals war es Mode, daß man irgendeinen Herrn im Publikum ansingt als Soubrette, und da hat er ein Couplet geschrieben mit einem Refrain, der hieß: »Ach, nimm mir diesen Stein vom Herzen, bereite mir nicht so viel Kummer, so viel Schmerzen«, und bei dem Satz »Ach, nimm mir diesen Stein vom Herzen« hab ich aus meinem Busen einen kleinen Isarstein herausgezogen und hab ihn auf die Bühne hingeworfen.[7]

Das Couplet, das ihr Valentin schenkte, hieß »Das Gretchen«; es wurde später sogar unter Liesl Karlstadts Namen veröffentlicht, und die zitierte, zum Gaudium des Publikums wörtlich genommene Metapher steht in der letzten Strophe:[8]

»[...] Doch nun hab ichs überwunden
Und habe endlich einen süßen Schatz gefunden
Dieser schöne, junge, stramme Mann,
Schaut mich so liebend an,
O nimm mir diesen Stein (Stein wegwerfen) vom Herzen,
Bereite mir nicht so viel Kummer, Sorg und Schmerzen,
Du kecker Herzensdieb. [...]«

Das war natürlich ein großer Erfolg, ein großer Lacher, und dabei blieb es, und aus dieser feschen Soubrette wurde dann eine komische Soubrette, und ich hab dann bald gelernt dabei, daß es so besser ist für mich.[9]

»Braves Lieserl«! Immerhin thematisierte sie in der Erinnerung den Konflikt zwischen Selbstbild *fesch* und Fremdbild *komisch* erneut und deutete so über die zeitliche Distanz hinweg zumindest an, daß die Übernahme der neuen komischen Rolle des »beliebten weiblichen Humoristen« vielleicht nicht ganz problemlos und zudem die Grenze zwischen Einverständnis und Unterordnung eher fließend gewesen sein mag. Jedenfalls trat sie schon 1912 mit »Gum-Kaufmann« solo und selbstbewußt als die »Blödsinnkönigin Frl. Lisi« auf[10] – durchaus in der Art ihres geheimen Geliebten, der seit 1908 als »Blödsinnkönig Valentin« im Frankfurter Hof spielte[11] und der ihr zum 31. Dezember 1912 brieflich sein »Prosit Neujahr!!« entbot: »Möge es uns vergönnt sein, das neue Jahr und noch viele andere Jahre mitzumachen in der wahren Liebe zueinander wie bisher. Gesundheit und unser köstlicher Humor soll uns nie verlassen, und bleibe fernerhin mein gutes braves Lieserl.«[12]

Doch noch ein weiteres Schriftstück von Karl Valentins Hand dokumentiert die Beziehung zwischen »Blödsinnkönig« und »Blödsinnkönigin«, ja scheint sie sogar um Jahre vorzuverlegen: »Karl Valentin. München, den 1. Januar 1910. Unterzeichneter bestätigt hiermit, daß Fräulein Elise Wellano (Karlstadt) das öffentliche Aufführungsrecht meiner sämtlichen komischen Vorträge, Witzen und Ideen käuflich erworben hat (Druckrecht vorenthalten) (mit Ausnahme Ein Feuerwehrmann od. Großfeuer auf dem Lande u. Neubäyrische Schnadahüpfl).«[13]

Es darf allerdings füglich bezweifelt werden, ob man wirklich ähnlich vorschnell wie der Herausgeber der Briefe aus »der vorliegenden Bestätigung« ableiten muß, daß die »Bekehrung« Liesl Karlstadts durch Valentin gegen alle bisherigen Annahmen, und eben auch gegen die Äußerungen der beiden Künstler selbst, schon vor 1910 erfolgte. Karl Valentin könnte nämlich die Bestätigung sehr wohl zu einem späteren Zeitpunkt schreiben und etwa um rechtlichen Problemen vorzubeugen, einfach rückdatiert haben. Bei der aus mancherlei Gründen wahrscheinlicheren Abfassung nach 1912 würde auch sofort der Sinn der genannten Ausnahmen klar werden, denn über das alleinige Aufführungsrecht für »Großfeuer auf dem Lande« und »einige Schnaderhüpfl« verhandelte Valentin erst 1912 mit dem »Collegen« Georg Neumüller.[14] Vor allem aber paßt der in Klammern hinzugefügte Künstlername Karlstadt noch gar nicht ins Jahr 1910, trat Liesl Karlstadt doch bis 1913 unter ihrem Familiennamen Wellano auf.

Und der Karl Valentin hat ja einen Menschen, den er sehr groß verehrt hat: das war der berühmte Varieté-Humorist und Salon-Komiker Karl Maxstadt. Und dann haben wir aus dem Namen Karl Maxstadt meinen neuen Namen gemacht: Liesl Karlstadt.[15]

Karl Maxstadt (1853 bis 1930) war in seiner Glanzzeit um die Jahrhundertwende, also eine Generation vor Valentin und Karlstadt, ein überregional ungeheuer erfolgreicher Gesangshumorist, berühmt und bewundert für sein Gedächtnis, seine Mimik und Verwandlungsfähigkeit. Und weil an dieser Stelle in der Valentin-Literatur gewöhnlich angemerkt wird, wie unerklärlich doch eigentlich Valentins Vorliebe für Maxstadt sei, ist der Hinweis auf ein bislang nicht berücksichtigtes Detail angebracht: im Namen Karl Maxstadt stecken die beiden Vornamen von Valentins älteren, in seinem Geburtsjahr an Diphtherie verstorbenen Brüdern Karl (1873 bis 1882) und Max (1876 bis 1882).

»Der kommt in d'Höll'« heißt eines der rund 600 Couplets, die Maxstadt im Lauf seines langen Lebens verfaßte; es lag abgetippt zwischen anderen Papieren in Liesl Karlstadts Nachlaß. Nicht ohne Grund wird sie sich gerade dieses Lied aufgehoben haben:

»Wer sich das Leb'n verkürzt
wer sich ins Wasser stürzt
wer sich durch Kohlendampf im Schlaf erstickt
wer sich aus Übermuth
sogar erschiessen tut,
aus Liebesgram wird heut' zu Tag verrückt,
wer sich ganz tief gekränkt
an einen Baumast hängt,
wer sich vergift mit Cynkalium,
wer sich die Gurgel abschneidt meiner Seel',
der kommt in d'Höll! Zu uns in d'Höll! [...]«[16]

Wie 1913 die Umbenennung des Frl. Wellano in Karlstadt über eine bisher unbekannte Zwischenstufe verlief, läßt sich nachträglich aus ihrem Bühnenalbum herauslesen. Am 3. April 1913 spielte sie noch als der »weibliche Humorist Liesl Wellano« mit dem »Modernen Possen- und Humoristen-Ensemble A. Herrmann« im Arzbergerkeller. Im Juli 1913 trat sie – neben Karl Valentin, jedoch noch nicht in einer gemeinsamen Nummer, sondern solo als »Piccolo« – zum erstenmal im Kabarett auf, dem Serenissimus nahe der Akademie, und stand hier auch schon mit einem neuen Namen im Programm: als »Lisl Macstadt« nämlich. »Lisl Mackstadt mimt in einer lustig erdachten Szene recht charakteristisch einen frechen Kellnerjungen,« heißt es über sie in einem Zeitungsauschnitt. Aber bestimmt hat sie den wirklich zum Verwechseln mit »Maxstadt« ähnlichen Namen nicht lange benützt. Als sie bald darauf – ob nun 1913 oder 1914 oder doch erst 1915, ob im Frankfurter Hof oder im Kabarett München – Wien muß offen bleiben – zum erstenmal »in höchst g'schamiger Weise« in Karl Valentins parodistischem Alpengesangsterzett »Alpenveilchen« das Lied vom Edelweiß zum Besten gab, war sie jedenfalls schon die Liesl Karlstadt.

Wir dachten uns als erstes gemeinsam eine Tiroler Sängergruppe Scene aus – hatten großen Erfolg damit u. das war der Anfang zu unserer langjährigen Partnerschaft.[17]

Die erfolgreiche Szene wurde oft beschrieben. »Es war eine Persiflage auf die Darbietungen der damals populären und zahlreichen Tiroler Sängervereinigungen, deren Mitglieder allesamt aus den Vorstädten Münchens stammten und Tirol meist nie gesehen hatten.«[18] »Valentin gab da einen zaundürren Zitherspieler in Oberländertracht, der prächtige [Karl] Flemisch war der rübezahlbärtige, guitarrespielende Vater und Liesl Karlstadt das einfältig-schmucke Dirndl mit dem langstieligen Edelweiß in der Hand.«[19] Nicht bemerkt wurde bisher, daß möglicherweise eben diese erste gemeinsame Kabarettnummer auch durch einen ehemals berühmten Auftritt Karl Maxstadts im Deutschen Theater angeregt sein könnte. Maxstadt hatte nämlich, den Zeitungen zufolge, schon 1900 »großartige Triumphe« als alpenländischer »Bettelbua« gefeiert: »Eine stimmungsvolle Gebirgsscenerie, die Musik spielt reizende Melodien und von den Felsen klettert herab der ›dalkete Bua‹, der Hirte des Alpendörfchens, der ›Bettelbua‹ in naturgetreuem Kostüm mit dem Peitschenstecken in der Hand. [...]«.[20] Der Part des »Dalketen« war in Valentins »Alpenveilchen-Terzett« weiblich-niedlich besetzt mit Liesl Karlstadt, die damit zwar äußerlich, wie Pemsel feststellte, noch sehr in der Nähe ihres früheren »Spezialfachs« blieb, aber bereits in vollkommen anderer Spielhaltung agierte, da der Sinn von Valentins Stück »ja gerade nicht darin bestand, die Arbeit der kleinen Sängergesellschaften darzustellen, sondern alle theatralischen Mittel vom Bühnenbild (transportables Gebirge) über Requisiten (das überlange Edelweiß) bis zum verbalen Ausdruck (zu hoch bzw. zu tief singen) gebraucht wurden, um diese Spielart satirisch zu demontieren. Statt des überzeugenden Gelingens sollte Karlstadt ja permanent in Inkongruenz zu ihrer Rolle treten.«[21]

Bei einem anderen Valentin-Projekt wirkte sie ebenfalls schon 1913 mit. Valentin hatte nämlich 1913 ein eigenes Filmatelier eröffnet und hier die zweite Fassung seiner Stummfilmgroteske »Karl Valentins Hochzeit« mit Georg Rückert, Liesl Karlstadt u.a. gedreht. Die Rollenverteilung war pikant: Karl Valentin, im wirklichen Leben Vater von zwei kleinen Töchtern und seit Juli 1911 auch verheiratet mit Gisela Fey, geb. Royes, dem ehemaligen Dienstmädchen im Elternhaus, spielte den Bräutigam, Rückert stellte die dicke Braut dar, die ihn gegen seinen Willen heiratet, und Liesl Karlstadt, im wirklichen Leben seine heimliche Geliebte, verkörperte im Film das mit dem Bräutigam Valentin poussierende Dienstmädchen.

Nach dem Kriegsausbruch im Herbst 1914 gastierten Liesl Karlstadt und Karl Valentin im Frankfurter Hof, Valentin vielleicht schon mit Teilen aus der im Frühjahr 1914 entstandenen ersten Version seines berühmten »Tingel-Tangel«,[22] Karlstadt solo und rotzfrech in Frack, zu kurzen Hosen, Schnürstiefeln, mit schräg aufgesetztem Zylinder, dunkel gefärbter Nasenspitze und Zigarette in der Hand als böhmischer Komiker »Ladislaus«. Das meines Wissens in keiner Valentin-Ausgabe nachgedruckte »Böhmisches Couplet von Njwarie« zur erfolgreichen Hosenrolle liegt als Typoskript in Liesl Karlstadts Nachlaß:[23]

»Ladislaus.
1.
Servus, meine liebe Landsleut, also daß ich Ihne sag'
Ladislaus so is mei Name, höchste Steiger torledag.
Hab ich imme Glück bei Madel, weil ich bin halt gar so g'stellt,
bei mir find e jedes Weibel, no das was ihr eben fehlt
ob sie dumm ist, oder g'scheit ist, ob sie gross ist oder klan,
Sie ich habe ich an Charakte, pack ich nämlich alles zam.
Refrain:
Ladi od Ladislaus – ladislaus, halts nix allani aus, lani aus
Ladi od Ladislaus – ladislaus, ist und bleibt ein riesig frecher Herzensbrecher –
Ladi od Ladislaus – ladislaus, halt's net allane aus, lani aus
mir echte Wieneleut, Wieneleut, sans gemütlich heut.
2.
Unlängst war ich mit an Madel, in an Kino Plastigon
durten war es gar so finste, hat ihr aner Tascherl g'stohln
Ich sag ich a so was, so was, hast Du denn net g'spürt sei Griff?
O ja sagt sie, da bei Tascherl, und lacht sich dabei ganz schief
Warum, sag ich, dumme Maderl, warst Du denn so mäuserl stad?
Ja sagt sie, ich glaubte, dass er ehrliche Absichten hat.
Refrain wie oben.
3.
Neulich habn's mich vurgeladen, weil mi hat a Maderl klagt,
Heirat hätt ich ihr versprochen, strenge hat der Richter g'sagt,
Woll'n Sie halten Ihr Versprechen, oder Himmel Saperlot –
muss ich vierzehn Tag Sie einsperrn, bei a Wasser und a Brot.
wie a Dichter spricht der Richter, 14 Tag sag ich o nein,
wege schwache 5 Minuten, glabn's ich tu a Wurzen sei.
Refrain wie oben.«

Am 1. Juni 1915 übernahm Karl Valentin die Direktion des Kabaretts Wien – München im Hotel Wagner; Liesl Karlstadt, inzwischen 22, vermerkte selbstbewußt in ihrem Album: *Wien – München »Hotel Wagner« Sonnenstrasse vom 1. Juni 1915 –*

15. Dez. 1916. Direktion: Karl Valentin – Liesl Karlstadt. Für die nächsten zwei Jahrzehnte sollte ihre Bühnenkarriere untrennbar mit der Laufbahn Karl Valentins verkoppelt bleiben.

So kann man Valentins Auftrittsverzeichnis und Karlstadts Bühnenalbum von nun an parallel lesen. Im Zeitraum vom Eröffnungsabend im Saal Wien – München (1. Juni 1915) bis zum ersten auswärtigen Gastspiel im Züricher Kabarett Bonbonniere (16. bis 31. August 1922) und den legendären Nachtvorstellungen in den Kammerspielen (Oktober, November 1922), die Valentins »hochkulturelle« Rezeption einleiteten, spielten beide in allen bekannten Münchner Kabaretts: im Annenhof (ab 16. Dezember 1916), im Kabarett Serenissimus (1. März 1917 bis 1. Oktober 1919), im Hofbräuhaus-Festsaal (September 1919), im Kammerbrettl München (ab Oktober 1919), im Charivari, Hotel Germania (Januar 1920), bei Altmünchener Abenden im Mathäser-Festsaal (September 1920), im Cabaret Benz (Dezember 1920 bis Januar 1921), im Monachia am Karlstor (Februar 1921 bis Februar 1922) und im Germania-Brettl (ab 1. Februar 1922). Dazu traten sie bei zahllosen Weihnachts- und Vereinsfeiern, Wohltätigkeits-, Lazarett-, Kriegsfürsorge- und Heimkehrervorstellungen auf. Als Belohnung für ihre »erspriessliche Tätigkeit im Dienst des Roten Kreuzes« erhielt »Frl. Elise Wellano, gen. Liesl Karlstadt, Humoristin« noch im Oktober 1918 das König Ludwig Kreuz verliehen.

Es entstanden berühmte Szenen und Stücke, in denen Karlstadt und Valentin gemeinsam, nach Bedarf auch mit wechselnden anderen Volkssängern, spielten: »Tingel-Tangel« und »Schauflüge im Theater« (später: »Sturzflüge im Zuschauerraum«; 1915, Wien – München), »Münchner Bürgerwehr« (Vorstufe zu »Die Raubritter vor München«; 1916, Wien – München), »Die komische Kapelle«, erstmalig mit Karlstadt in der Rolle des Kapellmeisters (Neufassung von »Tingel-Tangel«; 1918, Serenissimus oder Annenhof), »Theater in der Vorstadt« (erweiterte Fassung von »Die komische Kapelle«) und »Oktoberfestschau« (beide 1920, Charivari), »Drei Stunden im Himmel« (1921, Monachia), »Die beiden Musical. Clowns« (später »Die verhexten

Notenständer«), »Der Firmling« und »Das Christbaumbrettl« (alle 1922, Germania-Brettl).

In Liesl Karlstadts schauspielerischer Entwicklung, die fraglos in wesentlichen Teilen von der kontinuierlichen Zusammenarbeit mit Valentin, dabei essentiell freilich ebenso von der eigenen Lust an der Verwandlung geprägt und bestimmt war, lassen sich bis zum Beginn der Weimarer Republik zwei Schübe feststellen. Nachdem die erste Entscheidung getroffen und der Schritt weg von dem »den jungen Frauen in den Singspielhallen zugeordneten Typ des feschen Mädels«[24] getan war, stand ihr auf einen Schlag eine Palette komischer Rollen aus dem Volkssängergenre offen, darunter natürlich auch die aus Valentins Solo-Repertoire. Traditionell waren die komischen Volkssängerrollen ja für Männer bestimmt; es war sogar üblich, daß Männer in Frauenrollen auftraten, was Valentin etwa in den Masken des »Damenimitators«, der »Barfußtänzerin« oder auch der »Lorelei« grotesk auf die Spitze trieb. Liesl Karlstadt schuf bekanntlich gerade in Umkehrung dieser Volkssängertradition ihre Meisterleistungen. Mit Rasanz, jugendlicher Spielwut und, wie sich am Erfolg sofort zeigte, ihrer ganz besonderen Begabung für Hosenrollen erarbeitete sie sich zunächst eine Reihe kleiner Solo-Auftritte, für die Valentin die Couplets entweder schon geschrieben hatte (z.B. »Karre rauch doch nicht diese Zigarre«) oder die er neu und extra für sie verfaßte. Berühmt wurde ihre Darbietung als »chinesischer Komiker«, erstmals 1916 in Wien – München, bei dem sie im exotischen Kostüm, gelb geschminkt mit Zopfperücke und mit chinesischem Schirm als Requisit, zum andauernden Vergnügen auch heutiger Hörer – manche meinen »onomatopoetisch« – zu singen anhub: *Mantsche Mantsche Pantsche Hon kon Tsching Tschang [...]*. Kaum weniger Erfolg hatte sie, wenn sie als »Vorstadttype, Hut in das Gesicht hereingesetzt, Hände im Hosensack, Hose hinaufgestülpt«, gekonnt mit den Fingern pfiff, den Stenz markierte, Sprüche riß und das Couplet vom »Vorstadtkind« zum Besten gab.[25] So beherrschte sie in kurzer Zeit die strizzihaft-frechen genauso wie die treuherzig-naiven Bubenrollen, dazu noch parodistisch das Fach der weiblichen Brettlkünstlerinnen. Mit großer Maskenkunst verwandelte sie sich in die komische Soubrette, Chansonette, Tänzerin und Dompteuse, den Pikkolo, Schusterbua, Jokey, böhmischen Ladislaus, chinesischen Salonkomiker, einen Bürgerwehrbua, Musikerlehrling, Trompetenvirtuosen, großen Trommler, den Karre mit der Zigarre und den Lucke von der Au.

Nachdem sie also in Valentins Komiker-Lehre sehr schnell eine gewisse Virtuosität in der Aneignung und persönlichen Ausgestaltung einer Vielfalt wechselnder, hauptsächlich männlich definierter Rollentypen aus dem Volkssängertum erreicht hatte, folgte 1917, während der Zeit beim Kabarett Serenissimus, der zweite Schritt und mit ihm die Erweiterung ihres Solo-Repertoires durch die Schaffung eines mit ihrem Namen identifizierbaren komischen Frauentyps. Und wieder schrieb ihr Valentin keine Vorträge für ein »fesches Mädl«, diesmal nicht einmal mehr für ein junges. Dafür galt sie mit ihrer »Frau Magistratsfunktionärin Huber« – Markenzeichen: schwarzgeränderte Brille, Kapotthut und »Schwertmaul«,[26] ihrer Obsthändlerin, »Hausmoasterin« und »Kreszenzia Hiagelgwimpft«, auch »Wirlberger«, bald als »unübertroffene Darstellerin des Münchner zarten Geschlechts«:

Ja du verfluchtes Osterbetzerl sag ich, dir beiß i glei in d'Äpfe nei, du Salonrufa du reidige. Mei Tafelobst wennst mir halt nicht flacka laßt, na tritt i dir mit de Original-Fleckerlschuh ins G'nack eini, das di krümmst wia a Seidenraupen. [...] Ja wissens, da wenn ma sich was g'falln lassat, da wars ja g'fehlt. Wia gestern in der Rosenheimerstraß hat ein Hausbesitzer koppt, weil ich in sein Hof hint mei Tafelobst offeriert hab; dös Blärrn hat er gmoant schickt sich net in sein Herrschaftshaus. Ja was willst denn, du unappetitlicher Hausherrn-Idiot mit deim Herrschaftshaus, hab i zu eahm naufg'schrien? Sei windschelche Habertruga hoaßt er a Haus! Ja sei nur grad froh, daß dir d'Schulbubn de Wanzenherberg noch net mit de Schneeballn eingeworfa haben. A Haus hoaßt er den Ziegelbrocka! Ja, du darfst dir ja direkt was einbilden, wenn ich mein Obstkarren vor den vierstöckigen Taubenkobl hinstellen mag, hab ich g'sagt. Ach, mi wenn oaner dumm anredt, da geh i auf wie d'Morgensonna.[27]

Mit diesen Adaptionen Münchner Weiblichkeit war Karlstadt so erfolgreich, daß die Firma Polyphon am 16. und 17. September 1919 Karlstadts erste Schallplatte im Festsaal der Paulanerbräu-Gaststätte aufnehmen ließ[28] und 1926 erschien eine Buchausgabe ihrer Solostücke bei Max Hieber, betitelt: »Liesl Karlstadt. Original-Vorträge von Karl Valentin, München«. In diesem Bändchen ist auch ihre gereimte Version der als »Dacapo« nach den Solos sehr beliebten »Hütenummer« abgedruckt:
Die neueste Hutmodenschau
(Vortragender muß bei jedem Vers einen dazu passenden, alten Hut aufsetzen.)
Von Liesl Karlstadt.
Ihr lieben Leut seid mir nicht bös,
Sie sehn hier ganz was Seltenös,
In Knittelversen ganz genau
Sehn Sie die neu'ste Modenschau. [...][29]

Bezeichnenderweise waren in Karlstadts *neuester Hutmodenschau* bloß die Hüte *alt*, während in Valentins ungereimter Vorlage zu dieser Nummer, »Die neue Hutmodenschau«, auch »der« Vortragende in die Maske einer »komischen, alten, überspannten Frau« zu schlüpfen hatte.[30] Die Schlußpointe aber ist in beiden Fassungen fast dieselbe. Valentin: »Zum Schlusse langt man aus Versehen aus dem Karton einen Nachttopf heraus, setzt ihn auf, indem man glaubt, es sei auch ein Hut, beim Abnehmen merkt man es, stößt einen Schrei aus und läuft ab.« Karlstadt:
[...] Den Topfhut (Nachttopf) hier will ich nicht nennen,
Den wird doch sicher jeder kennen.
Es ist kein Hut, doch ists ein Topf
Und sitzt ganz prächtig auf dem Kopf.

Ein weiteres Indiz für die Anerkennung Karlstadts waren die Würdigungen der lokalen Presse: »Liesl Karlstadt, unter den weiblichen Vertretern des Münchner Volkshumors unstreitig an erster Stelle, erfreut das Herz durch ihre prächtigen Soloszenen, in denen sie mit Vorliebe die Münchner Hausfrau in all ihren Leiden und Freuden lebendig werden läßt. [...] Überhaupt: Liesl Karlstadt ist ein Unikum [...] in der Überwindung aller weiblichen Eitelkeit. Im Gegensatz zu tausenden ihrer Kolleginnen wählt sie fast immer Typen, die sie um Jahrzehnte älter erscheinen lassen, als sie wirklich ist. Wer sie nur auf dem Podium sah, hat keine Ahnung, was für eine jugendliche, frische, fesche und sympathische Persönlichkeit sich hinter diesen Brillen und Kapotthüten einherbewegt.«[31]

1   Album Nr. 1 von Liesl Karlstadt, Nachlaß L. K., Valentin-Musäum. (5 große, von Karlstadt selbst angelegte und beschriftete Alben dokumentieren ihre Bühnen-, Film- und Funk-Karriere; die Alben enthalten Fotos, Programmzettel, Programmhefte, Zeitungskritiken, usw.).

2   Es gab mehr als vierzig solcher »ambulanter« Volkssängerensembles vor dem 1. Weltkrieg in München (Einwohnerzahl 1900: 500.000), und weit über hundert Auftrittsmöglichkeiten sind überliefert: Bierkeller, Gaststätten, Cafés, Hotelsäle und ab etwa 1880 eigenständige Singspielhallen (Pemsel). Um 1900 sollen in ca. 1500 Gasthäusern, davon 47 großen Bierhallen, Volkssänger aufgetreten sein (Groessel); lt. Polizeidirektion gab es noch 1915 zwanzig »Volkssängergesellschaften« mit Ensembles von 4 bis 7 Personen (Schneider). Die Liste von Karl Valentins privat angelegtem Volkssängeralbum 1780 bis 1928 (Münchner Theatermuseum) verzeichnet ca. 660 Namen von Volkssängern und 20 Auftrittsorte. Vgl. Klaus Pemsel: Karl Valentin im Umfeld der Münchner Volkssängerbühnen und Varietés. Diss. München: Verlag Wilhelm Unverhau 1981, S. 28 ff., S. 98; Gudrun Köhl: Von Papa Geis bis Karl Valentin. München 1971 (Schriftenreihe des Valentin-Volkssänger-Musäums); Ludwig M. Schneider: Die populäre Kritik an Staat und Gesellschaft in München (1886 bis 1914). München 1975 (Reihe Miscellanea Bavarica Monacensia H. 61), S. 91–120; Susanne v. Goessel: Münchner Volkssänger – Unterhaltung für alle. In: Karl Valentin. Volkssänger? Dadaist? [Katalog der] Ausstellung zum 100. Geburtstag Karl Valentins. Hg. v. Wolfgang Till. München: Münchner Stadtmuseum 1982, S. 26–49.

3   Vgl. O. E. Hasse: Unvollendete Memoiren. München 1979, S. 213; Schulte: Valentin. S. 42–46. Heft mit handschriftlicher Abschrift der Rolle der Marie und Beschriftung »1912 Meine erste grosse Rolle (Müller u. sein Kind) Schmierentheater Milbertshofen« im Nachlaß L. K., Monacensia. Hier auch: Müller und sein Kind. Erlebnis von Liesl Karlstadt, 1913. 1 S. Typoskript.

4   Karl Valentin: »Schon vor dem Ersten Weltkrieg habe ich sie kennengelernt. Sie trat mit mir zusammen im Frankfurter Hof auf. Etwas später bewahrte ich sie vor einer Tournee, die gerade für Petersburg zusammengestellt wurde.« Die Liesl. Zit. nach: K.V.: Gesammelte Werke in einem Band. Hg. v. Michael Schulte. München: Piper 1985, S. 157. Ausführlich bringt die Tournee-Anekdote: Riegler: Liesl Karlstadt Buch, S. 17–19.

5   Hörfunkinterview Karlstadt, Mitschrift nach Bardischewski; Hörfunksendung (NDR) »Das Leben beim Wort genommen. Wortteile von Liesl Karlstadt« von Josef Müller-Marein. Zit. nach Schulte: Valentin, S. 47.

6 Rudolf Bach: Liesl Karlstadt. Kameradin, Partnerin, Meisterin. In: ders.: Die Frau als Schauspielerin. Tübingen: Rainer Wunderlich 1937, S. 79–88, zit. S. 87.
7 Zit. nach Schulte: Valentin, S. 47.
8 »Das Gretchen«. Soubretten-Couplet von Liesl Karlstadt. Verlag Heinrich Bauderer / Münchner Blut Nr. 419. München: um 1918/20 (Enthält auch: »Immer wieder Pech«. Soubretten-Couplet von Liesl Karlstadt). Beide abgedruckt in: Karl Valentin. Sämtliche Werke Bd. 2: Couplets. Hg. v. Helmut Bachmaier und Stefan Henze. München: Piper 1994, S. 90–93.
9 Zit. nach Schulte: Valentin, S. 47.
10 »Programm für die Abschieds-Vorstellung verbunden mit Ehren-Abend der Direktion Gum-Kaufmann« in Liesl Karlstadt Album Nr. 1.
11 Lt. Aktenvormerkung in polizeilichem »Personalakt Karl Fey«. Abgedruckt in: Geschriebenes von und an Karl Valentin. Hg. v. Erwin und Elisabeth Münz. München: Süddeutscher Verlag 1978, S. 36.
12 Karl Valentin: Sämtliche Werke Bd. 6: Briefe. Hg. v. Gerhard Gönner. München: Piper 1991, S. 19.
13 Ebd., S. 14.
14 Vgl. ebd., S. 14–21.
15 Hörfunkinterview Karlstadt, Mitschrift nach Bardischewski. – Ausführlicher über Karl Maxstadt (1853–1930): Pemsel: Valentin im Umfeld, S. 109–111; Schulte: Valentin, S. 30–36. Bei einer am 5. September 1928 zu Maxstadts 75. Geburtstag im Kolosseum-Varietésaal veranstalteten Benefizvorstellung für den verarmten Jubilar, der selbst aus Gesundheitsgründen nicht mehr auftreten konnte, wirkten Karlstadt und Valentin an exponierter Stelle mit; dazu die Lokalpresse: »[...] Selbstverständlich hatten Karl Valentin und Liesl Karlstadt mit dem ›Rundfunk‹ und dem ›Mondraketenflug‹ wie immer den größten Erfolg. [...]«
16 Typoskript in: Nachlaß L. K., Valentin-Musäum.
17 Karlstadt: Alte Münchnerinnen. Interview.
18 Schulte: Valentin, S. 72.
19 Bach: Die Frau als Schauspielerin, S. 79.
20 Weiter: »Und dann legt er los, der allbeliebte, ausgezeichnete Gesangskomiker und der weite Saal erzittert unter den mächtigen Beifallssalven, die kein Ende nehmen wollen. Herrn Maxstadts ›Bettelbua‹ ist eine Prachtleistung, einzig in ihrer Art und für sich allein schon einen Besuch im Deutschen Theater werth. Wir möchten wissen, wie lange das Publikum Herrn Karl Maxstadt eigentlich anhören möchte, wann es endlich genug bekäme?« In: Bayer. Kurier. Nr. 165, 9. Juni 1900, S. 4.

21 Pemsel: Valentin im Umfeld, S. 169.
22 Spielplanzettel (Wien – München, 1915): »Tingel-Tangel von Karl Valentin. Als Einleitung erfolgen zwei Musikstücke, anschließend ein kleines Lustspiel, dann beginnt ein sogenanntes Tingeltangel-Varietee-Programm, das an frühere Zeiten erinnert und in welchem auch Orchesterstücke aus vergangenen Tagen wieder zum Vortrag gelangen. Das ganze Programm in seinen besonderen Eigenheiten ist von dem Münchener Komiker K. Valentin bearbeitet und nach seinen komischen Einfällen zusammengesetzt. K. Valentin selbst tritt nicht mehr wie früher in seiner alten Art auf, sondern wird sich als Artist wie auch als Orchestermitglied den ganzen Abend in den Dienst der Sache stellen. Erwarten Sie also von uns nichts »Großartiges«, sondern – auf Deutsch gesagt – eine Viecherei, entsprungen aus echt Münchener Humor. Motto: Lachen ist gesund.« Es folgen die einzelnen Programmpunkte: »Konzertsängerin [...] Abdul Hammel – orientalischer Zauberer [...] Salon-Komiker [...] Laterna Magiqua-Vortrag von Karl Valentin [...] B. Huber – Fangkünstler in höchster Vollendung [...] Gastspiel des Alpengesangsterzetts »Alpenveilchen« – 3 Personen (eigene Dekoration). Einlagen nach Bedarf – Änderungen vorbehalten«. In L. K. Album Nr. 1. – »Tingeltangel« sollte Valentins berühmteste Szene werden und in verschiedenen Fassungen unter mannigfachen Titeln zur Aufführung gelangen: »Die Orchesterprobe«, »Theater in der Vorstadt«, »Der nervöse Musiker«, »Dichter und Bauer«, »Das komische Orchester«. Vgl. Schulte: Valentin, S. 93–99.
23 Im Valentin-Musäum und in der Monacensia liegt jeweils ein geringfügig vom andern abweichendes Typoskript. Ich zitiere nach der Fassung Valentin-Musäum.
24 Pemsel: Valentin im Umfeld, S. 171.
25 Vgl. Valentin SW Bd. 2: Couplets, S. 104–107. Beide Couplets auf CD: München. Volkssänger. Rare Schellacks 1902–1948. Trikont US-0199. 1928/29: »L. K. singt chinesisch. Diese Platte ist nicht zu empfehlen ... Kaufen Sie dieselbe ja nicht ... außer sie lernen zuerst perfekt chinesisch. ...« In: Prospekt »Karl Valentin und Liesl Karlstadt auf Homocord-Electro Musikschallplatten – Ein lustiges Bilderbuch. Illustration und Text von Karl Valentin«, Zeichnungen von Ludwig Greiner, o. J. [um 1928/29].
26 »[...] Auf der Bühne steht eine Frau Funktionär – Gott hat die ein Schwertmaul! Es gibt viele, die es gar nicht glauben, dass das dieselbe Karlstadt ist, die so unglaublich echt als junger Spritzer sein kann. [...]« Undat. Zeitungsausschnitt zu Auftritten in der Monachia, 1921. In L. K. Album Nr. 1. Ähnlich: »[...] Was können alle anderen Schnell-

sprechhumoristen gegen Liesl Karlstadts reizend lustiges Ratschzüngerl? Unaufhörlich wie ein sprudelndes Frühlingsbächlein hüpft und tollt das, während das altmodische Kapotthütchen darüber ewig nach vorne will [...]« Undat. Zeitungsausschnitt zu Auftritten im Kammerbrettl, 1919.

27 3 Pfund Äpfe 25 Pfening. In: Liesl Karlstadt. Original-Vorträge von Karl Valentin, München. München: Max Hieber o. J. [1926], S. 3–6. zit. S. 3–4. Weitere Karlstadt-Solos in diesem Bändchen: Quo vadis; Die Hausmoastern; Ich suche eine neue Köchin; Die Frau Funktionär; Lorelei; Auf der Wohnungssuche; Die neueste Hutmodenschau; Im Kino. Karlstadt-Solos auch in: Karl Valentins Blödsinn Vorträge. Zum Kranklachen! München: Verlag von Karl Valentin o. J. [1920]; Karl Valentin. Sämtliche Werke Bd. 1: Monologe und Soloszenen. Hg. von Helmut Bachmeier und Dieter Wöhrle, München: Piper 1992.

28 Vgl. Eberhard v. Berswordt: Discographie. In: Katalog Ausstellung Stadtmuseum 1982, S. 302–310. – Prospekt Homocord 1928/29: »Eine waschechte Münchener Obsthausiererin. Ein Beweis für den Humor dieser Platte ist, daß dieser Vortrag, der im Jahre 1919 zum ersten Male aufgenommen wurde, heute noch so verlangt wird, daß die Homocord die Platte ... nochmals anfertigen ließ ...« Karlstadt-Solos auf CD: Karl Valentin, Liesl Karlstadt: Feuerwerk. Polyphon 847034-2.

29 »1. / Sehr einfach, aber riesig teuer, / Ist dieser Hut hier mit dem Reiher, / Doch unbequem ich diesen find, / Denn er wird leicht zerzaust vom Wind./ 2./ Und dieser Hut s'ist nicht zu streiten, / Der sitzt ganz gut von allen Seiten, / Von vorne, hint und umgedreht, / Er mir ganz ohne Zweifel steht. / 3./ So ein Kapotthut schwarz und grau / Ist nur für die gesetzte Frau, / Drum kann er mir nicht sehr viel nützen, / Ich kann doch nicht fortwährend ›Sitzen‹. [...]« Usw. bis Strophe 14. Karlstadt: Original-Vorträge, S. 27–29.

30 »Die neue Hutmodenschau«. In: Valentins Blödsinn Vorträge.

31 Undat. Zeitungsausschnitt zu Auftritten im Germania Brettl, 1922.

Liesl Karlstadt und Karl Valentin 1918

Die Soubrette

Der »Lucke von der Au«

Als »Kreszenzia Hiagelgwimpft«

Der »Chinesische Komiker«

Vierzehn Strophen zum Thema Hut

Kontrakt.

Zwischen Herrn Adalbert Meyer, Konzertunternehmer und Herrn _Frl. Liserl Weiss_ ist heute folgender Vertrag abgeschlossen worden:

§ 1. Herr A. Meyer engagiert bei seinem Unternehmen zu Vorstellungen in allen Orten, wo und wann derselbe zu geben gedenkt; _Herrn Frl. Weiss_ als _Sängerin_ und verpflichtet sich letzterer, jede Gattung von Vorstellungen, wo und wie oft es das Repertoir erfordert, zur Zufriedenheit des Konzertunternehmers auszuführen, allen Proben pünktlich beizuwohnen und sich vom _____ ab Herrn Meyer zur Verfügung zu stellen.

§ 2. Herr Meyer bezahlt an Kontrahenten vom _1 Juni 1911_ an gerechnet eine monatliche Gage von _90_ Mark zahlbar jeden 1. und 16. im Monat _____. Die Gage gelangt jedoch für die vier gesetzlich gebotenen Ruhetage: hl. Abend und die drei Kartage, sowie für diejenigen Tage, an welchen Herr _____ gehindert ist, aufzutreten, in Wegfall. Außer der verabredeten Gage erhält Kontrahent freie Reise III. Klasse nach allen Orten, wo Herr Meyer Konzerte gibt.

§ 3. Probeversäumnis zieht eine Strafe von 50 Pfennig und Zuspätkommen bei den Vorstellungen eine solche von 1 Mark nach sich.

§ 4. Dieser Vertrag beginnt am _1 Juni 1911_ und endet am _1 Juli 1912_. Jedoch steht der Direktion das Recht zu, diesen Vertrag am _1 Juli 1912_ auf weiteres zu verlängern. Ebenso haben beide Teile die Ermächtigung, obigen Vertrag durch eine vorhergehende monatliche Kündigung wieder aufzulösen, welche Kündigung jedoch nur am 1. und 16. jeden Monats in Anwendung gebracht werden darf.

§ 5. Tritt Krieg, Landestrauer, Krankheit, Brand, Polizeimaßregeln ein, entspricht das Mitglied den gehegten Erwartungen nicht, oder mißfällt dasselbe, so löst sich dieser Vertrag sofort auf.

§ 6. Kontrahent hat eine halbe Stunde vor Beginn der Vorstellung im Lokale anwesend zu sein und dortselbst bis Schluß der Vorstellung zu verbleiben.

§ 7. Kontrahent darf außerhalb der Vorstellungen ohne Erlaubnis des Herrn Meyer weder in Gasthäusern, in Vereinen, in Sängergesellschaften oder an anderen Orten sich produzieren, noch ohne Erlaubnis verreisen und hätten derartige Vorkommnisse eine sofortige Kündigung zur Folge.

§ 8. Sollte Kontrahent diesen Vertrag brechen, oder früher als derselbe beendet, das Engagement verlassen, so verfällt derselbe sofort in eine nach Wechselrecht zu zahlende, jederzeit einbringliche Konventionalstrafe von 100 Mark. Jedoch hebt die Zahlung der Konventionalstrafe die Rechtsbeständigkeit dieses Vertrages nicht auf und behält sich Herr Meyer alle diesbezüglichen Rechtsansprüche auf Erfüllung des Vertrages oder auf Schadenersatz nach seinem Ermessen vor.

§ 9. Beide Teile erklären hiermit, vorliegenden Kontrakt vor allen Gerichten und an allen Orten, sie mögen Namen haben, welchen sie wollen, durch ihre Unterschriften als vollkommen rechtsgültig und erhält Kontrahent, sowie Herr Meyer je ein Exemplar desselben.

§ 10. Vorstehender Kontrakt ist in duplo ausgefertigt, selbst gelesen und eigenhändig vollzogen.

Augsburg d. 6. V. 1911   Unterschriften:

Adalbert Meier

Mit ihrer Freundin Maria auf der Reitertrett-Alpe, 12. September 1920

Beim Skifahren (1927)

Die zwei grossen Mundart-Kinder

In all den Jahren unserer Zusammenarbeit sind wir grösstenteils in Kabaretts aufgetreten. Angefangen im Serenissimus in der Akademiestrasse. Nach dem ersten Weltkrieg ging es uns sehr schlecht. Da kam aus der Schweiz ein Angebot von Schneider Dun[c]ker mit einer märchenhaften Gage in die Bonbonniere in Zürich. Nach langen Bitten sagte Valentin zu. Die Reise nach Zürich war für ihn eine Weltreise. Zum 1. mal in seinem Leben bestieg er ein Schiff [zur Fahrt über den Bodensee]. *Noch dazu zog ein schreckliches Gewitter herauf, begleitet von einem Orkan, u. K.V., der »Ängstliche«, glaubte schon, seine letzte Stunde sei gekommen. Trotzdem kamen wir gut an und wurden von dem Schweizer Publikum stürmisch gefeiert.*

Auf unseren Wunsch bekamen wir unsere Gage in Goldfrancen ausbezahlt, V. traute auch der Schweizer Währung nicht recht. Als wir jedoch erfuhren, dass an der Grenze die Goldstücke abgenommen werden, bekams V. mit der Angst.

Da kam ihm die rettende Idee! Er versteckte seine Goldstücke in eine halbgeleerte Biomalzbüchse, indem er das Gold durch den Schlitz einwarf. Und man hörte beim Schütteln kein Scheppern mehr.

Liesl schwöre mir, dass du Niemandem was sagst von unserem Goldversteck. – Immer wieder musste ich schwören, u. ich tat es auch. Bei der Heimfahrt an der Grenze hat uns keiner gefragt u. alles ging gut. Im bayerischen Zug stiegen noch 2 Kollegen zu uns, wir waren eine lustige Gesellschaft. Plötzlich brauchte Val. etwas aus seiner alten vom Vater geerbten Reisetasche. Da drinnen waren ausser der Biomalzbüchse eine unzählige Menge von Medizinfläschchen, Pillen und Asthmamitteln. Beim Umsteigen muss die Biomalzbüchse umgefallen sein, denn das Innere der Tasche war geradezu besudelt mit Malz. Ich stell-

te lautlos die Biomalzbüchse auf das Coupétischerl, dazu einige Medizinflaschen. Alles, alles tropfte. Unser elegant gekleideter Mitreisender rief entsetzt: »*Hinaus, Sie sind ein (un)angenehmer Fahrgast – mein schöner Anzug.*« *Und weil mir das unangenehm war, packte ich ein unbedeutendes Flascherl, sagte:* »*Jetzt sind wir so gleich in München, da brauchst die Medizin nimmer*«*, u. warf das Flascherl zum Fenster naus. Anschliessend ruft der elegante Kollege:* »*Werfen's doch die pappige Büchsen*«*, packt sie und will sie zum Fenster schwingen. Valentin in höchster Not schreit:* »*Halt meine Goldstückel.*« *Mit einem Haar hätte er auch noch die Notbremse gezogen –*.[1]

Liesl Karlstadt und Karl Valentin gastierten 1922 und 1923 in Zürich; Valentin war im Programmheft der Züricher Bonbonniere als der »unerreichte Münchner Komiker« angekündigt. Beim ersten Gastspiel (16. bis 31. August 1922) brachten sie die Szene »Der nervöse Musikant« (»Orchesterprobe«), im Sommer darauf (1. bis 15. Juni 1923) die »Sturzflüge im Zuschauerraum«. Im Jahr 1923 waren beide auch zweimal in Wien engagiert: im März von Leopoldi Wiesenthal mit der »Orchesterszene« und zwischen 15. November und 15. Dezember im Chat Noir, diesmal mit dem schon im Frühjahr 1923 für die Münchner Kammerspiele ausgebauten und in den 20er Jahren dann überhaupt populärsten Valentin-Stück »Theater in der Vorstadt« – der Zugnummer nicht bloß in allen Münchner Theatern, in denen Valentin auftrat, sondern auch in Berlin, wo man es ihm später regelrecht übelnahm, wenn er ein anderes Stück ins Programm setzte und 1928 sogar die Absetzung des »Firmling« nach der dritten Vorstellung erzwang. Alfred Polgar schrieb anläßlich des Wiener Gastspiels für die Zeitung »Der Tag« einen der ersten nahezu hymnischen Essays über den komischen Orchestermusiker Valentin, der mit der bald sprichwörtlichen Feststellung schloß: »Er ist ein Gespenst und doch ein Münchner. Er ist ein Phänomen und spottet der Analyse«.[2] Liesl Karlstadts überzeugende Darstellung des Kapellmeisters, damals noch ohne Spitzbart, doch mit dunkel-wirrer Künstlermähne, runder Brille und Uhrkette über dem mächtig ausgestopften Bauch, war immerhin für manche noch oft erzählte Anekdote gut: »Als die Karlstadt und Valentin in Wien gastierten, waren [der Schauspieler Max] Pallenberg und [seine Frau, die Sängerin und Schauspielerin] Fritzi Massary eifrige Besucher. Man weiß aus Pallenbergs inzwischen veröffentlichten Worten, wie stark ihn die Aufführung von Valentins ›Vorstadttheater‹ berührte. Nach Schluß eilt Fritzi Massary hinter die Bühne, um Valentin zu danken. Liesl Karlstadt, die den pausbackigen und pausbauchigen Dirigenten der Vorstadtkapelle gespielt hat, steht zwischen den Kulissen. Die Perücke hat sie bereits abgelegt, den Bauch noch nicht. Da reißt Fritzi die Augen auf, perplex darüber, daß eine Frau in dem Kostüm des Dirigenten gesteckt habe [...]: ›Was, ich sitze als Schauspielerin 2 Stunden lang direkt vor dem Kapellmeister und merke nicht, dass das eine Frau ist. Da können Sie sich aber über Ihre Darstellung wirklich etwas einbilden.‹«[3]

Weitere wichtige Ereignisse prägten die Jahre 1922 und 1923. Da gab es die schon genannten Uraufführungen im Germaniabrettl: am 1. Juli 1922 »Das Christbaumbrettl«, das Valentins Biograf Michael Schulte den besten und groteskesten Stücken des Avantgardetheaters an die Seite stellt,[4] und am 9. Dezember 1922 »Der Firmling«. Liesl Karlstadt lieferte mit der in einem Laden aufgeschnappten Äußerung eines aufgeregten Vaters »Der Bua probiert den Anzug und stellen S'Eahna vor – paßt hat er!« die Anregung zu diesem künftigen Glanzstück im Repertoire; neun Jahre später, 1931, soll dann ihr freches Firmlings-grinsen, vulgo »blödes Gschau«, im Zusammenhang mit der schräg gehaltenen Kerze die Zensurmaßnahme provoziert haben, die von der katholischen Kirche – eines Schaukastenfotos wegen und der »religiösen Gefühle« halber – gegen den »Firmling« eingeleitet wurde.[5] 1922 spielten Valentin und Karlstadt außerdem zum ersten Mal in den Nachtvorstellungen der Münchner Kammerspiele und machten obendrein noch mit bei der wunderbar konfusen Filmgroteske »Die Mysterien eines Frisiersalons« mit den späteren Theater- und Filmgrößen Bertolt Brecht, Blandine Ebinger, Erwin Faber, Annemarie Hase, Kurt Horwitz, Hans Leibelt, Carola Neher, Max Schreck u.a.[6]

Dazwischen holte uns Bert Brecht im Auftrage von Direktor Falckenberg an die Kammerspiele in der Augustenstrasse. In einer Nachtvorstellung brachten wir [...] unseren Sketsch das Christbaumbrettl heraus – u. bald darauf unser 2aktiges Stück Die Raubritter vor München. K. Valentin war der Wachtposten u. ich der Trommlerbub, der den eingeschlafenen Posten wekken muss, wegen der herannahenden Raubritter – u. als sich K. Valentin vor Angst nicht über die Stadtmauer schaun traute – hab ich gsagt zu ihm: Jetzt traut er sich nicht der **Hosenscheisser** *– da hatten wir Bedenken, ob man dieses Wort in den feinen Kammerspielen sagen dürfte. Worauf Herr Falckenberg antwortete: Aus Ihrem Munde klingt sogar* **dieses** *Wort wie ein* **Hosiana**.[7]

Die legendäre Nachtvorstellung, bei der Valentin, Karlstadt und Brecht gemeinsam auf der Bühne der Kammerspiele standen – Valentin als taubstummer Conférencier, Karlstadt als Lorelei, Brecht als Klampfenbene, dazu Joachim Ringelnatz in seiner Rolle als Seemann Kuttel Daddeldu und die Schaupieler aus der vorausgegangenen Uraufführung von Brechts »Trommeln in der Nacht« – fand am 30. September 1922 statt, wie üblich einen Tag nach der Premiere. Liesl Karlstadt hat eine Zeitungskritik über diese mitternächtliche Premierenparodie in ihr Album geklebt: »Die rote Zibebe heißt, wild und süß, eine Schnapskneipe in den ›Trommeln der Nacht‹ und so hieß auch das Kabarett, das die Kammerspiele als Nachtvorstellung am Samstag veranstalteten. Zuerst war da ein Abnormitätenkabinett, dessen einzelne Nummern sich mehr bemühten, für sich allein abnorm als zusammen mit den andern kurzweilig zu wirken. Joachim Ringelnatz, der gespritzte und gequirlte Kreuz- und Querdichter, rief sogar die Entrüstung einiger unvorbereiteter Besucher hervor. Was sonst sich tat, war nicht weiter auf- und anregend. Besonders nicht der Kanaillentanz Valesca Gerts mit Harmoniumbegleitung(!?). Das war vielleicht die größte Abnormität des Abends. Im zweiten Teil, der nicht so angestrengt abnorm war wie der erste, spielten Karl Valentin und Liesel Karlstadt einen Einakter ›Weihnachtsabend‹ [»Das Christbaumbrettl«]. Dies ist eine von Valentins Stumpfsinnssatiren, in denen seine und seiner Genossin Komik zu ungehemmter Entfaltung kommen kann. Nur ist da der prätentiöse Guckkasten einer Bühne ein bißchen hinderlich. Ein Podium ohne jede Apparatur verdient den Vorzug. Das Haus war ausverkauft und zum Lachen oder Protestieren stürmisch animiert. Man hatte einen tollen Abend erwartet und wollte auf seine Kosten kommen.«[8]

Das relevantere, da Brechts pointierten Beitrag über »Karl Valentin« enthaltende Sonderheft der »Kammerspiel-Programme« ist nicht in Karlstadts Album. Zufall? Oder vielleicht aus dem Grund, weil sie selbst in Brechts seitdem oft zitiertem Artikel, der Valentin bündig (und übrigens zwei Jahre vor Peter Panter alias Kurt Tucholsky in der Berliner »Weltbühne«) zu »einer der eindringlichsten geistigen Figuren der Zeit« erhob und ranggleich neben den »großen Charlie« (Chaplin) stellte, nicht einmal genannt wurde. Was in der Folge keine Ausnahme blieb. Denn im Kontext mit der nun einsetzenden intellektuellen Rezeption Valentins und seines mit großen Kritikernamen – Franz Blei, Kurt Tucholsky, Alfred Kerr, Alfred Polgar, Roda Roda, Kurt Horwitz, Egon Erwin Kisch, Hermann Sinsheimer, Monty Jacobs, Kurt Pinthus ... – verknüpften Einzugs ins Feuilleton ist zu beobachten, wie sich das öffentliche und besonders das kulturbetriebliche Interesse auf Valentins Person und Künstlertum hin verschob. Wobei sich die ja durchaus anstehende und angebrachte Aufwertung Valentins von seiten des Weimarer Kulturbetriebs unversehens verknüpfte mit der Marginalisierung der Liesl Karlstadt, da sie zunehmend nur noch in ihrer dienenden Funktion wahrgenommen wurde, als Stichwort-Geberin des »Linksdenkers« (Kurt Tucholsky), bestenfalls noch als »kongenial ihn begleitende Partnerin« (Franz Blei). Sie scheint dies mit einem gewissen Leidensdruck auch ziemlich genau so erlebt zu haben. Liesl Karlstadt 1929: *Die Zeitungen haben bis dato nur über ihn geschrieben und mich total vergessen.*[9]

Natürlich hat Liesl Karlstadt in den Zwanziger Jahren am Erfolg Valentins partizipiert. Natürlich ist sie von der lokalen Presse auch wahrgenommen und ihre schauspielerische Leistung immer wieder gelobt worden. »Liesl Karlstadt ist im neu hinzugekommenen ersten Akt ein Schusterjunge, im zweiten und dritten der Trommlerbua. Wie selbstverständlich, mit wie verschmitzter, natürlicher und ganz und gar nicht gespielter Mimik sie das macht, das muß man sehen. Und wie sicher sie auf Valentins Extempores eingeht, das zeugt von der gesunden Elastizität und dem Reichtum ihres Naturells«, rühmte beispielsweise Walter Jerven ihre Darstellungskunst in den »Raubrittern vor München«.[10] Doch die Tendenz, sie nicht als selbständige Künstlerpersönlichkeit, sondern zunehmend als Pointenlieferantin und pikaresken Trabanten um das Gestirn V zu werten, setzte sich fort. Sie wird sinnfällig in der Größe der Namenszüge in Annoncen und bei Plakataufschriften. Während bis nach dem Weltkrieg beider Namen immer gleich groß waren, wurde Valentins Name danach immer größer. Bei Karlstadt war es genau umgekehrt.

Dabei war sie de facto an den großen und erfolgreichen Produktionen der Zwanziger Jahre auch kreativ in hohem Umfang beteiligt. In den Valentin-Biographien sind diese Unternehmungen ausführlich beschrieben, und selbstverständlich dokumentieren auch Liesl Karlstadts Alben anhand vieler Fotos, Zeitungsausschnitte, Programmzettel und Programmhefte diese erfolgreichsten Jahre der beiden Komiker, in denen sie durchwegs vor ausverkauften Häusern spielten, die höchsten Gagen verlangen konnten und auch erhielten und bei den Intellektuellen und prominenten Künstlern genauso beliebt waren wie beim breiten Publikum.

Hier ein chronologischer Überblick:[11] Die am 1. April 1924 in den Kammerspielen uraufgeführte Komödie »Die Raubritter vor München« mit dem genialen »Ententraum« gleich am Beginn markierte Valentins und Karlstadts endgültigen Durchbruch auf der großen Bühne. Das Publikum brachte ihnen Ovationen dar, die Kritik war begeistert; beflügelt vom enormen Erfolg schrieb Valentin sogar einen zusätzlichen ersten Akt. *Ein kräftiges Holla rolla rolla Plem Plem aus Berlin*, wünschte Karlstadt am 10. Oktober 1924 auf der Rückseite eines Fotos, das sie zusammen mit Valentin vor dem Reichstagsgebäude zeigt. Die

Aufnahme stammt vom ersten Berlin-Gastspiel, 15. September bis 30. Oktober 1924 im Neuen Operettenhaus am Schiffbauerdamm, von dem man neben den berühmten glänzenden Kritiken à la Peter Panter auch ein paar inzwischen vergessene, weniger enthusiastische Pressestimmen heimbrachte. Einzelne Kritiker monierten, daß Valentins Stück »Vorstadttheater« nicht »abendfüllend« sei bzw. in den Zirkus und nicht ins Theater gehöre; andere Zeitungen meldeten abgesagte Vorstellungen, weil »Frl. Karstadt [!]« einen Autounfall erlitten habe: »und Herr Valentin wollte nicht allein auftreten«. Im Dezember 1924 wirkten Karlstadt und Valentin zum ersten Mal in einer der großen Revuen mit, die Münchens damaliger Unterhaltungs-Tycoon Hans Gruss im Deutschen Theater herausbrachte. »Hallo! Hallo« hieß die Revue, zu der Valentin und Karlstadt das 7. Zwischenbild lieferten: »Mit dem Flugzeug im Zuschauerraum«.[12] 1925 gab es zwei Uraufführungen: »Der Bittsteller« am 1. Januar in der Münchner Bonbonniere, die übrigens auch zum Gruss-Imperium gehörte, und »Die beiden Elektrotechniker« (später: »Der reparierte Scheinwerfer«) am 13. Juni im Cherubin-Palast; die »Elektrotechniker«-Szene war eingebunden in eine der damals beliebten Revue-Operetten mit dem Titel »Das lustige München« bzw. »Bis hierher und nicht weiter«. Dazwischen gastierten Valentin und Karlstadt im April 1925 auch wieder im Deutschen Theater, diesmal in der Mode-Revue »Der ... die ... das«, für die sich die inzwischen 32jährige Karlstadt mit einem überraschend mondänen Porträtfoto im Programmheft präsentierte: Profil, Bubikopf, heller Schal. Am 5. Mai 1926 wurde im Schauspielhaus in München die nostalgische Valentin-Karlstadt-Komödie »Brillantfeuerwerk oder ein Sonntag in der Rosenau« uraufgeführt, durchaus ein poetischer Versuch Valentins, »die letzten Reste Altmünchens auf die Bühne zu retten«.[13] In den Münchner Zeitungen erhielt auch »seine Partnerin«, die hier eine attraktive weibliche Rolle spielen durfte – wenn auch bloß eine Kindsmagd, sehr gute Kritiken: »[...] auch seine Partnerin ist im 1. Bild auf einer Höhe des Schauspielerischen, das durch unbefangenste Naturhaftigkeit nicht an Kunst verliert. Was sich mit einem Kinderwagen, einem vorgeblichen Säugling und einem in tödliche Verwirrung geratenen Strickstrumpf dramatisch machen läßt, hier wird's gemacht und es formt sich vor unseren Augen ein Juwel des Stegreifspiels. [...]«[14] Im Sommer 1926 wurde »Raubritter vor München« im Varieté Kolosseum gespielt; unter den Mitwirkenden war Liesl Karlstadts einstige Prinzipalin Therese Kipper und zum erstenmal der damals 29jährige Münchner Josef Rankl, der bald zum Bühnenmeister und zur lebenslang treuen »rechten Hand« Valentins avancierte. In der Gruss-Revue »Nacht der Nächte«, 1. September bis 31. Oktober 1926, gab es eine Uraufführung: Karl Valentins »Rundfunkszene« (»Im Senderaum«). Sie war Anlaß für einen fast 1½ Jahre dauernden Rechtsstreit zwischen den beiden Geschäftskonkurrenten in Sachen Revue, den Theaterdirektoren Hermann Haller (Berlin) und Hans Gruss (München), wobei Karl Valentin – zu Unrecht – des Plagiats beschuldigt und in dessen Verlauf auch Liesl Karlstadt als Zeugin vernommen wurde. Eine Zeitung berichtete: »Fräulein Karlstadt als Zeugin. Sie eilt in ihrem bekannten Schnellschritt-Tempo hinein, bremst unmittelbar vor dem Richtertisch kurz ab und redet wie ein Wasserfall. Genauso wie sie es unzählige Male mit und ohne Valentin auf der Bühne getan hat. Ihre Worte übersprudeln sich, ihre Ausdrucksweise ist so plastisch, so treffend [...]. Natürlich bestätigt sie, daß Valentin kein Wort auswendig lernen kann, daß er für seine eigenen Stücke nur seinen jeweiligen inneren Eingebungen folgt und daß sie beide eben so zusammen eingespielt sind, daß sie überhaupt kein Manuskript benötigen. [...]«.[15] Die einmalige Aufführung von »Ein Modell wird gesucht« im Fasching 1927, auf dem Fest »Die große Glocke« im Deutschen Theater, dokumentiert ein merkwürdig verschwommenes Foto: Liesl Karlstadt steht als Maler mit Palette vor der Staffelei, Valentin mimt im Waschzuber und mit Laute den von der Lorelei verzauberten Schiffer.[16] Die nächste echte Uraufführung »Im Photoatelier« fand am 7. Juni 1927 im Apollo statt. Eine ungezeichnete Zeitungskritik aus Liesl Karlstadts Album Nr. 1 verschafft uns einen atmosphärischen Eindruck der Aufführung: »In München liegt das Apollotheater in der Dachauerstraße, nahe dem Hauptbahnhof. Der Verkehr ist dort lärmend, die Häuser hoch, vielfenstrig und sehr verrußt; ein Portier steht blau und prächtig angetan im Torbogen, daß man den Eingang, der im Hofe liegt, nicht verfehle. Vorn ist eine Wirtschaft und auch das Theater ist eine solche: ein mittelgroßer Saal mit runden Tischen. Kellnerinnen klappern und verdunkeln die Bühne, fünf Seidel Bier in jeder Hand. Die Köpfe, die – dicht unter der Decke – von der Galerie lugen, sind fast verhüllt vom Rauch. Wo der große Scheinwerfer am oberen Ende des Saales sich einen Lichtkegel durch den Dunst bricht, verschwinden sie im Gewölk. Karl Valentin tritt gegen $^{1}/_{2}$ 11 Uhr abends auf. Vorher spielt ein bärtiger und viel trinkender Mann auf vielen Instrumenten nacheinander oder zur gleichen Zeit; ein Stimmungssänger spendet Rheinweinstimmung zum Bier; ein ›Parterre-Akrobat‹ ist freundlich und ganz vorzüglich; ein ehemaliger Solohoftänzer des Perserschahs rätselvoll im violetten Licht. Nach der Deulig-Woche, die Ovationen für Hindenburg im Saal und auf der Leinwand bringt, tritt Karl Valentin auf. Er und Liesl Karlstadt, seines Wesens Widerpart und Partnerin sind Gehilfen in einem photographischen Atelier. [...] Ein großer Künstler stellt hier sein Volk in seiner Zeit dar – in ›Originalszenen‹. Die ›Kammerspiele‹, die literarische Bühne Münchens, haben ihn in der letzten Saison zu Gast geladen, gleich wie Bassermann, Moissi, Deutsch u.a. Er hat auch dort mit Liesl Karlstadt Bayern gespielt. Und sieht doch aus wie der schönste Junker Christoph von Bleichenwang. Aber er tritt nur in eigener Sache auf, in ›Originalszenen‹, wie sie im ›Apollotheater‹ Herkommen sind, wo die Zuschauer bei Bier um runde Tische sitzen und die Luft samten ist vor Rauch.«

Vom 14. Januar bis 28. Februar 1928 waren Valentin und Karlstadt zum zweitenmal in Berlin. Eingeladen hatte mit bemerkenswerter Hartnäckigkeit schon 1925 Kurt Robitschek, der zusammen mit Paul Morgan das Kabarett der Komiker (»KadeKo«) führte. Sechs Wochen blieb Valentin in Berlin, brachte jeden Abend ein volles Haus, riß sämtliche Kritiker der Reichshauptstadt zu Lobeshymnen hin und bekam allein in den letzten neun Tagen, die er über das Vertragsende hinaus anhängte, ein

Honorar von 350 Reichsmark für zwei Vorstellungen täglich, die höchste Gage, die das »KadeKo« bislang bezahlt hatte. Liesl Karlstadt scheint den Trubel im chicen Berlin ziemlich genossen, angeblich 20 Pfund abgenommen und sich außerdem einen flotten neuen Topfhut gekauft zu haben. Auch von der Presse wurde sie nicht ganz vergessen: »Dringend nötig ist auch, über Valentins Partnerin Lisl Karlstadt zu sprechen. Weil sie in den meisten Kritiken ungerechterweise zu kurz kommt. Auch sie ist nämlich ein Künstler und ein Mensch für sich. Sie ist nicht nur dem Valentin die beste Ergänzung, die man sich denken kann, instinktiv auf ihn eingestellt, prompte Stichwortbringerin, den Improvisationen gewachsen, überhaupt die verständnisvolle, gleichgesinnte, kongeniale Mitarbeiterin, sie ist auch ein großes selbständiges Schauspielertalent, eine bedeutende Künstlerin, der das Schwierige gelingt, in Hosenrollen durchaus glaubhaft zu sein. Und die als Kapellmeister, als Firmling, als Klempnerstift eigenartige, wertvolle Leistungen vollbringt, einen Menschentyp klar und plastisch verkörpert, ebenso sachlich und bescheiden wie Valentin auf Drücker und Spiel ins Publikum verzichtet.«[17] Im März 1928 folgten 14 Tage im Stuttgarter Friedrichsbau-Theater. Zurück in München wurde Liesl Karlstadt am 2. Juli 1928 zum Ehrenmitglied im »Lokalverband Münchener Volkssänger« ernannt. Am 23. August 1928 kam als Uraufführung »Mondraketenflug« im Kolosseum heraus. Dazu kamen ab Juni 1928 Schallplattenaufnahmen mit den beliebten Solos und Szenen für die Firmen Homocord und Electrola.[18]

Vom 10. bis 17. April 1929 zeigte Walter Jerven im Rahmen seines erfolgreich tourenden Kinovarietés im Münchner Film-Palast »Neue und alte Valentin-Filme«. Vom 21. September bis 25. Oktober drehte Jerven dann selbst den ersten »Valentin-Großfilm«: die Komödie »Der Sonderling«, mit Karl Valentin in der Hauptrolle des Briefmarken sammelnden Schneidergesellen und Liesl Karlstadt als verliebter Schneidermeisterin, die ihm vom heimlich Ersparten den begehrten »Schwarzen Einser« kauft. Am 28. Dezember 1929 war die Uraufführung im Gloriapalast in München, ohne Valentin und Karlstadt, die den Jahreswechsel in die Dreißiger Jahre in Berlin erlebten, wo sie vom 1. November 1929 bis 15. Januar 1930 gastierten, wieder in Robitscheks Kabarett der Komiker, wieder mit sensationellem Erfolg für beide und wieder mit zweimaliger Vertragsverlängerung.[19] Um 1929/30 entstand wahrscheinlich auch der ins Album geklebte Zeitschriftenartikel von Liesl Karlstadt:

Valentin und ich.

*Ich möchte gern was über meinen leibeigenen Partner schreiben, aber so einfach ist das nicht, wenn es sich um einen Valentin handelt. Literarisch und philosophisch kann ich ihn nicht beurteilen, weil mir da die dazu erforderlichen Fähigkeiten fehlen, nur als Partner, und da bin ich immer in Spannung und Aufregung, was ich machen muß, denn er ist ein großer Improvisator. Komisch ist, daß ich mit ihm immer **Männerrollen** spielen muß. Es hat mich erst Mühe gekostet, meine weibliche Eitelkeit dabei zu vergessen. Wenn ich z. B. den Kapellmeister im »Vorstadtorchester« spiele, mit Spitzbart und ausgestopftem Bauch, da nehmen viele, die mich in Wirklichkeit nicht kennen, an, ich wöge zwei Zentner und sei 60 Jahre alt. Ich kann aber mit gutem Gewissen versichern, daß beides nur zur Hälfte wahr ist! Mit Valentin arbeite ich nun 15 Jahre zusammen, wir verfassen unsere Stücke selbst, indem wir in die Probe gehen, bewaffnet mit Bleistift und einem Stück Papier. Da sprechen wir von verschiedenen vorhandenen Ideen, das heißt: Ich stelle Fragen, und er beantwortet sie mir! Alles, was er mir da sagt, schreibe ich sofort auf. Prof. Wiesenthal in Wien riet mir, den Bleistift immer bei mir zu haben, um improvisierte Witze Valentins sofort notieren zu können. Kurz darauf traf er uns im Kaffeehaus. Ich hatte gerade Bleistift und Papier vor mir liegen. »Nun, was ist los mit euch, ihr sitzt ja so still da?« fragte er mich. »Heute habe ich Bleistift und Papier bei mir, da macht er keinen Witz!« antwortete ich, und so war es auch wirklich. [...]*

Welcher Art diese Witze gewesen sein könnten, für den Fall, daß er sie doch gemacht hätte, läßt sich aus einigen Notizzetteln in Karlstadts Nachlaß schließen, die durchaus noch Entwurfscharakter haben:

Karlstadt: Schwimmbad. Ganz hoass is mir worden, so lang bin i gschwommen. I bin direkt patschnass, so hab i gschwitzt vor lauter Schwimmen.
Im Nymphenburger Schlosspark. K. V. u. L. K. sitzen im Gras. Ein Wächter kommt. 3 Markl Strafe pro Person kost das. Wieso? Entgegnet K. V.: mir san doch 2 Nimfen.
Valentin auf der Isarbrücke. Möven flattern hungrig herum. K. V. kramt in den Taschen. Teife, koa Stückerl Brot hab i bei mir. Dann nimmt er aus seiner Geldbörse ein Zehnpfennigstück: Da kaufts Euch selber was.[20]

Über die enge und produktive Arbeitsgemeinschaft zwischen Karlstadt und Valentin ist seither manches geschrieben worden. So bemerkte Theo Riegler, daß Valentin sich in Liesl Karlstadt »ein Instrument« geschaffen habe, »das mit tadelloser Präzision für ihn funktionierte« und sie sich ihrerseits so sehr in die »Besonderheiten seines Wesens« eingelebt habe, »daß sie mit seinem Gehirn dachte und mit seiner Phantasie Dialoge und Szenen erfand«.[21] Schulte nannte sie »eine Meisterin der Improvisation«, die sich den aberwitzigsten Einfällen Valentins auf der Bühne und im Privatleben gewachsen zeigte,[22] nicht bloß Anregungen für Stücke lieferte, wie nachweislich für die Szenen »Der Firmling«, »An Bord«[23] und »In der Apotheke«, wofür sie das monströse Wort Isopropilprophenilbarbitursauresphenildimethylaminopirazolon erfand, sondern eben durchwegs auch die mit-improvisierende Ko-Autorin war. Valentin erschien nämlich zu den ersten Proben häufig nur mit einem grob umrissenen Konzept, manchmal auch nur mit Dialogfragmenten. Wie es dann weiterging, schilderten am besten zwei Zeitgenossen Liesl Karlstadts. Zuerst Rudolf Bach in seinem 1937 publizierten Buch »Die Frau als Schauspielerin«:

»Kommt Valentin auf die Probe, dann weiß er nur, was gemacht werden soll, aber keineswegs wie. Das Thema, die Situation, eine ungefähre Grundlinie des Geschehens liegen fest, nicht mehr. Valentin sagt dann etwa zu Liesl Karlstadt: ›Also du machst jetzt einen Kapellmeister und ich mach einen von den Musikern. Ich schimpf' über dich zu den andern, da kommst du daher, ohne daß ich's merk. Auf einmal sagst du: Wen haben Sie denn da gemeint, mit dem alten Nußknacker und seinem saudummen Gesicht? Dann, wart, dann sag ich recht blöd: Meinen Bruder! dann sagst du ...‹ und so geht es weiter; zugleich dichtend, inszenierend, spielend erschaffen sich die Zwei ihr Stück. Es wird allmählich voller, farbiger, runder, bleibt aber stets Improvisation, kann immer wieder verändert werden. Am Schluß jeder Probe hat Liesl Karlstadt alles auf Zetteln notiert, jede Frage, jede Antwort, jeden Übergang. Auf den nächsten Proben wird ausgewählt, Abschnitzel fallen weg (um die mancher Komiker froh wäre), Neues kommt hinzu. So wächst das Stück langsam der Premiere entgegen, aber auch nach ihr entwickelt es sich weiter. Erst wenn nach einigen Wochen Spieldauer ein gewisser Abschluß erreicht ist, geht es an die (private) Niederschrift für etwaige spätere Neueinstudierungen, die aber niemals ein bloßer Abklatsch der Uraufführungen sind. [...]«[24]

Den Vorgang einer solchen Niederschrift hielt Anton Kuh schon 1928 in einem Essay zum zweiten Berlin-Gastspiel fest:

»Im vorigen Winter besuchte ich in München ein Lokal vom Konzertcafétyp. In einer Ecke brütet ein Paar. Der Mann, blaß, mit spärlich rotbehaartem Schädel und verschreckter Clownsnase sitzt vorgebeugt – die Frau, kugelig, hübsch, ein bißchen küchenrot, hat ein Heft vor sich und schreibt. Das heißt: sie kaut gerade nachdenklich am Federhalter.

›Nein, du, erst frag ich dich: Wo geht's denn zur Ludwigstrasse? Und dann sagst du ...‹

›Na – da irrst du dich. Du sagst zu mir: Ich weiß den Weg nicht, und dann sag ich ...‹

›Ich weiß schon, wart ...‹ sie nimmt die Feder und schreibt: ›Du sagst: Erst müssen's rechts gehen und dann links, immer gradeaus, dort, wo der Schmetterling fliegt ...‹

Karl Valentin und Liesl Karlstadt, seine mitvergiftete, rührende Gesponsin in Melancholie und Heiterkeit, schrieben aus dem Gedächtnis eines ihrer improvisierten Stücke auf. Das tun sie immer, so nach der zweihundertsten Aufführung, wenn eine Sache ganz fest sitzt. Dann hocken sie sich wie Schulkinder in eine

Ecke und legen den Text fest, den sie sich sozusagen ›ersprochen‹ haben. Es ist das seltsamste, genialste Dichtungsverfahren; statt, daß sie sich ›Rollen auf den Leib schreiben‹, lesen sie sie von ihrem Leib ab. Die zwei großen Mundart-Kinder in der Münchener Kaffeehausecke – eine Oase im schreibenden, wortmächtigen, verlegenden Deutschland. Hänsel und Gretel, in die Literatur verirrt. [...]«[25]

1 Typoskript: Manuskript von Liesl Karlstadt (ohne Streichungen). 2 S. masch. In: Nachlaß L. K., Monacensia.
2 Alfred Polgar: Ein Komiker. In: Der Tag. XI. 23. Hier zitiert nach dem Abdruck im Programmheft Neues Operettenhaus: Zum Gastspiel Karl Valentin und Lisl Karlstadt. Berlin, 15. September bis 30. Oktober 1924. In L. K. Album Nr. 1.
3 Vgl. j – v [Walter Jerven]: Liesl Karlstadt. Undat. Zeitungsausschnitt [August 1924] in L. K. Album Nr. 1.; Karl Valentin: Anlage zu Brief an die Filmgesellschaft »Terra«, 11. Februar 1937. In: Valentin SW: Briefe, S. 104.
4 Schulte: Valentin, S. 99.
5 Vgl. Riegler: Karlstadt Buch, S. 27, 53; Schulte: Valentin, S. 99–103. Beseitigung eines Bildes von Karl Valentin zu dessen Stück »Der Firmling« aus dem Schaukasten des Photographen Hilbinger am 19. August 1931. Vgl. Erwin Münz: Karl Valentin 1882–1948, Stationen seines Lebens. In: Katalog Ausstellung Stadtmuseum 1982, S. 311–360.
6 Anschaulich über Valentin, Brecht das Filmprojekt und die Folgen: Schulte: Valentin, S. 104–123; Matthias Biskupek: Karl Valentin. Eine Bildbiographie. Leipzig: Gustav Kiepenheuer 1993, S. 89–94.
7 Karlstadt: Alte Münchnerinnen. Interview.
8 Undat., mit »hs.« gezeichneter Zeitungsausschnitt [1. Oktoberwoche 1922]. In L. K. Album Nr. 1.
9 L. K. als »Kameliendame«. Südd. Sonntagspost Nr. 12, April 1929.
10 j – v [Walter Jerven]: Raubritter vor München. Undat. Zeitungsausschnitt [Juni? 1924] in L. K. Album Nr. 1.
11 Vgl. zum Folgenden: L. K. Album Nr. 1; Karl Valentin: Auftrittsverzeichnis. Typoskript 39 S. masch. mit handschriftl. Zusätzen. Von Valentin datiert: München 1943. In: Nachlaß L. K., Monacensia; ferner Schulte: Valentin, S. 99–146; Biskupek: Valentin, S. 74–94.
12 Die regelmäßige Mitwirkung Valentins und Karlstadts bei den großen Ausstattungs-Revuen, die Hans Gruss in den Zwanziger Jahren ins Deutsche Theater brachte, wurde von den Valentin-Biographen bislang wenig beachtet, obwohl Valentins Zeitgenosse Lion Feuchtwanger eine derartige Mitwirkung an zentraler Stelle und kaum verschlüsselt in seinen Roman »Erfolg« (1930) eingebaut hat. Valentin wird unter dem Namen »Balthasar Hierl« geschildert; auch ein Auftritt mit der »Orchesterprobe« ist im 2. Buch beschrieben. Hans Gruss kommt im Roman als »Alois Pfaundler« vor. Nur Liesl Karlstadt bleibt als die »Gefährtin« des Komikers Hierl bei Feuchtwanger kontur- und namenlos – auch dies ein Indiz für ihre Marginalisierung durch intellektuelle Valentin-Fans der Zwanziger Jahre.

13 Schulte: Valentin, S. 132.
14 h. e.: Theater- und Kunstnachrichten. Münchener Schauspielhaus. Undat. Zeitungsausschnitt [Mai 1926] in L. K. Album Nr. 1.
15 Valentin vor Gericht. In Sachen Haller gegen Gruß / Liesl Karlstadt als Zeugin. Undat. und ungezeichneter Zeitungsausschnitt [1927/28] in L. K. Album Nr. 1.; vgl. auch Riegler: Karlstadt Buch, S. 69–70.
16 In L. K. Album Nr. 1.
17 Undat. Zeitungsausschnitt [Januar 1928] in L. K. Album Nr. 1.
18 Dokumentiert bei Berswordt: Discographie.
19 Valentin und Karlstadt gastierten noch zweimal in Berlin, nach Schulte im Dezember 1935/Januar 1936 und im Dezember 1938, nach Valentins eigenem Auftrittsverzeichnis vom 30. November 1935 bis 31. Januar 1936 und im September 1936, nach Münz auch im Oktober 1936. Karlstadts Album Nr. 1 bestätigt Valentins Auftrittsverzeichnis: das Gastspiel am Kabarett der Komiker im September 1936 schloß sich direkt an die Filmaufnahmen zu »Donner, Blitz und Sonnenschein« (August 1936) in Berlin an; für Dezember 1938 verzeichnet auch Karlstadts Album Auftritte in München, im Kabarett Benz.
20 Undat. Notizzettel von L. K. in Karlstadt-Nachlaß, Valentin-Musäum.
21 Riegler: Karlstadt Buch, S. 26.
22 Schulte: Valentin, S. 59.
23 Vgl. Riegler: Karlstadt Buch, S. 54: »Den Vorwurf holte sich Liesl Karlstadt aus einem Lokal. In ihrer Nähe saß ein Aufschneider, der mit seinen spanischen Sprachkenntnissen renommierte, bis ein Wiener Strizzi die Geduld verlor und ihn herausfordernd fragte, was denn »an Bord« auf spanisch heiße. Aus dieser Situation entstand ein erregter Wortwechsel, der immer heftiger wurde und in eine handfeste Rauferei auszuarten drohte. Liesl Karlstadt, die dem spannenden Dialog begierig gelauscht hatte, wartete das Ende nicht erst ab, sondern brachte sich rechtzeitig in Sicherheit. Als sie vor der Vorstellung zu Valentin in die Garderobe ging, erzählte sie ihm brühwarm, was sie erlebt hatte. Valentin war von ihrem Bericht derart gefesselt, daß er in spontaner Begeisterung ausrief: ›Des gibt a neus Stückl!‹.«
24 Bach: Die Frau als Schauspielerin, S. 84–85.
25 Anton Kuh: Der Valentin ist da! Eine Beschreibung mit Hindernissen. Undat. Zeitungsausschnitt [14. Januar 1928] in L. K. Album Nr. 1.

In ihrer berühmten Rolle als »Kapellmeister«

Berlin-Gastspiel 1928

Aus dem Programmheft für das Deutsche Theater München, 1925

Gastspiel in Berlin vom 1. November 1929 bis 31. Januar 1930

Kabarett der Komiker am Kurfürstendamm in Berlin

Reklame am Münchner Karlstor

Kasse des Apollotheaters

67

Die Kammerspiele im Schauspielhaus

Liesl Karlstadt in der Garderobe

Ausschnitt aus ihrem Rollenheft, ca. 1912

69

Man ist schliesslich Schauspielerin

Liesl Karlstadt war als mitimprovisierende und mitschreibende Partnerin Karl Valentins an der Entstehung vieler Dialoge und Szenen kreativ beteiligt; sie hat ihre Ideen in die gemeinsamen Stücke und wohl auch in ihre Solovorträge eingebracht, allein hat sie jedoch wenig verfaßt. Bekannt ist ihr hinreißend blöder Monolog *Verein der Katzenfreunde*[1], angeblich schwächer ihr Manuskript *Geschäftsheirat*[2], eine kleine Entdeckung hingegen die bei Schulte erstmals veröffentlichte Rede über *Die deutsche Laugenbretzel*, eine Parodie Liesl Karlstadts auf Hitler-Reden, wie sie vielleicht nur einer Bäckerstochter einfallen konnte:

Die deutsche Laugenbretzel ist nicht nur gesund, sie ist auch bekömmlich – dem deutschen Arbeiter, dem deutschen Bauern, dem deutschen Studenten, und nicht zuletzt gedenk ich der deutschen Frau – der deutschen Mutter. Parteigenosse Dr. Goebbels hat schon bei seiner ersten großen Propagandarede auf der Hochzeit zu Kanaan die Bedeutung der deutschen Laugenbretzel hervorgehoben, und somit ist es Ehrenpflicht sämtlicher nationalsozialistischer Verbände und Formationen, sich in Zukunft nur von deutschen Laugenbretzeln zu ernähren – und dann wird sich endlich auch der Katholizismus zur deutschen Laugenbretzel bekennen müssen, ob er nun will oder nicht. Hier heißt es biegen oder brechen. Heil – Heil – Heil![3]

Ansonsten liegen im Nachlaß ein paar Blätter, auf denen Karlstadt *Selbsterlebtes* zu literarisch anspruchslosen kleinen Berichten formte, etwa über einen Künstleragenten, der, *alt und fett wie ein Schweineschlächter* und *stets betrunken*, einer Tänzerin wegen angereist war, deren Auftritt jedoch verschlief und dann auch noch von der erhöhten Weinterrasse fiel *(Unser Agent)*, oder über die Aufführung von »Der Müller und sein Kind« im November 1913, bei der ein ausgestopfter gelber Kanarienvogel als Totenvogel die übliche Eule ersetzen mußte, weil die Frau Theaterdirektor das wertvolle und fürs traurige Ende nötige Requisit verloren hatte *(Müller und sein Kind)*.⁴ Die schon der Schülerin Wellano eigene Genauigkeit und Detailfreude zeichnen ihre Skizze »*Wo hans'n?*« [Wo sind sie denn?] über einen Ausflug nach Andechs aus. Hier zeigt sich der geschärfte Blick der Schauspielerin Karlstadt für charakteristische und insbesondere darstellerisch umsetzbare Einzelheiten.

Dort in dem Wirtschaftsgarten auf hölzernen Bänken und Tischen sassen mindestens 4 Klassen Bauernschulkinder, aus den nahen Dörfern zusammengekuppelt, mit einem Herrn Schullehrer. Von einem Platz aus, wo wir nicht gesehen werden konnten, aber wir alles übersahen, was sich dort abspielte, hatten wir Gelegenheit die einzelnen Bauernkinder genau zu studieren. [...] Wie die Kinder alle zur und von der Schenke kamen, jeder zeigte ein anderes Gesicht, teils mit, teils ohne Rotzglockengehänge. Die Bauernmädchen (Mollen) mit haarölgeglätteten Monalisafrisuren, die Bauernbuben mit Ohrringen wegen den Rinnaugen und alle hatten Stiefel an, genagelt und beschlagen wie ein Bräuross und so trabten sie durch die Veranda. Und wie sie ihre Masskrüge hielten – krampfhaft umfasst – ein Kleiner konnte es nicht erwarten und steckte seinen Finger in den weissen Schaum, um ihn abzulecken. Dann polterte einer mit einer geöffneten Limonadenflasche so, daß der kühle Trunk bei jedem Schritt herausspritzte. Ein winzig Kleiner schlürfte ständig an seiner Rotzglocke, die eine bedrohliche Länge angenommen hatte und jeden Augenblick in den Masskrug hineinzutauchen schien. Ein nach Schmalz duftendes schüchternes Mädchen mit niedergeschlagenen Augen trug ihre Limonade, als ob sie zur heiligen Kommunion schreiten würde. Dann hüpfte wiederum eine zweite vor Übermut auf einem Bein – in hoch erhobener Hand ihren Masskrug schwingend [...] da schlich eine ängstliche, die beinahe hingestolpert wäre, während ein grosser frecher Bub, statt sie zu bedauern, ihr noch einen Tritt auf das Hinterquartier gab. Zwei ganz kleine trugen ihre »erlaubte« Halbe im Masskrug zu zweit und rochen ganz verklärt an dem schäumenden Inhalt, indem sie ihre Köpfe zusammensteckten, tief hineinschauten und dann strahlend weiter gingen.

Nicht auf literarischem Gebiet, wohl aber auf der Bühne war Liesl Karlstadt ihrem Partner ebenbürtig. So wurde vor allem ihre schauspielerische Vielseitigkeit stets gerühmt und hervorgehoben. »Sie war«, schrieb Theo Riegler, »alles, was ihr Valentin zumutete: pfiffig und dumm, häßlich und lausbubenhaft, alt und verschrumpelt, vollbärtig und milchgesichtig.«[5] Rudolf Bach zählte auf: »Liesl ist zart, lieb, nüchtern, humorvoll, gutmütig, bösartig, grob, skeptisch, überlegen, graunzerisch, charmant, beschränkt, schlau, – [...] und diese Aufzählung deutet zugleich den darstellerischen Radius an, über den diese außerordentliche Schauspielerin verfügt.«[6] Carl Niessen schließlich faßte zusammen: »Als Darstellerin nimmt sie einen hohen Rang ein; sie entzückte die Zuschauer durch eine doppelte Verwandlung. Zwar konnte sie liebenswerte, herzhafte und herzige Frauen und Mädchen verkörpern, aber meist schlüpfte sie in ein groteskes Mannskostüm. Sie stellt die eigentliche Bekrönung der ›Hosenrolle‹ dar, indem sie nicht nur den Geschlechtswechsel glaubhaft vollzog, sondern auch noch die Spezies ›Mannsbild‹ in sicher erschaute kuriose Individualitäten aufgliederte.«[7]

Eine Bedingung dafür war ihr geschulter Blick für das sichtbar Typische in Mimik und Körpersprache, der ja auch die zitierte Skizze *Wo hans'n?* anschaulich machte. Als Schauspielerin trieb sie Studien vor Ort, hielt sich gerne in kleinen, versteckten Münchner Wirtshäusern auf.

Nirgends konnte man dem Volke besser aufs Maul schaun, nirgends konnte man besser studieren, mit welchem Griff ein echtes Münchner Vorstadtgwachs seinen Maßkrug anfaßt und wie der Herr Schreinermeister von nebenan seinen unförmigen Regenschirm abstellt und seinen altersschwachen Goggs aus der Stirn schiebt, ehe er einen Zug macht.[8]

Auf der Bühne ergänzten sich die Fähigkeiten von Karlstadt und Valentin nahezu perfekt. Während Valentin in seinen vielen Masken als genialer Selbst-Darsteller der eigenen Vertracktheit hervortrat, verschwand Karlstadt als sein variabler Gegenpol gleichsam in einer Vielzahl von Rollen. Ihre Verwandlungskunst erleichterte Valentin bereits die Konzeption der Stücke. Szenen und Dialoge konnten nämlich auch deshalb immer wieder verändert werden, weil Karlstadt im Unterschied zu Valentin eben auf keinen bestimmten Rollentyp festgelegt war. Sie vermochte jeden Typus mit immer gleicher Sicherheit darzustellen. Im »Bittsteller« spielte sie einmal den alten Geheimrat, ein andermal dessen unerträglichen Sohn Bubi, wahlweise aber auch eine Geheimratstochter. Im »Vorstadtorchester« war sie zuerst der Mann an der großen Trommel, bevor sie zum berühmt gewordenen Dirigenten avancierte. In der Uraufführung von »Brillantfeuerwerk oder ein Sonntag in der Rosenau« spielte sie den Feuerwerker, Valentin den Wirt. In späteren Fassungen war sie die Kindsmagd, er der Schwere Reiter, zwei Rollen, in denen die beiden anfangs nur im Vorspiel aufgetreten waren. Dieses Vorspiel wurde später der zweite Akt und im neu dazugeschriebenen ersten Akt spielte Karlstadt dann einen Schusterbub. Bekannte Glanzleistungen waren ihr Kapellmeister in »Tingeltangel« und der Firmling in der gleichnamigen Groteske. Sie überzeugte aber auch als Kleinbürgerin (»Theaterbesuch«, »Die Erbschaft«), Lehrbub (»Der reparierte Scheinwerfer«, »Im Fotoatelier«, »In der Schreinerwerkstätte«), Bäuerin (»Großfeuer«) Trommlerbub Bene (»Die Raubritter vor München«), Clown (»Die verhexten Notenständer«), Impresario (»Sturzflüge im Zuschauerraum«) und Oktoberfest-Rekommandeur (»Das Oktoberfest«), als Kellnerin (»An Bord«) und Rundfunksprecherin (»Im Senderaum«).

Die Funktion ihrer Rollen im Zusammenspiel mit Valentin wurde in der Nachfolge Rudolf Bachs bisher meist metaphorisch umschrieben. Karlstadt stelle, so die gängige These, in der merkwürdigen, doppelbödigen, leise unheimlichen Welt des Karl Valentin sozusagen das »Diesseits«, den normalen Widerpart dar, wahlweise also: den Tag, das Maß, das Umgrenzte, Natürliche, Vernünftige, das Bürgerliche, das Handfest-Bodenständige, den Mutterwitz, die Naivität, den gesunden Hausverstand »bis hinab [!] ins Nüchterne«, den Gegenpol »aller lächelnden oder melancholischen oder bissigen Narretei«.⁹ Riegler faßte den Gegensatz in der Kurzformel zusammen: »Sie war real, Valentin surreal«.¹⁰ Daß Karlstadts Spielweise, ihre Rollenvirtuosität, die Kontrastierung zum Gegensatzpaar erst schuf, wurde von Pemsel herausgearbeitet.¹¹ Bei Karlstadt nämlich lag es, in wechselnder Komplizen- oder Gegnerschaft zu Valentin ein je nach den Gegebenheiten der Szenen variierendes Rollenumfeld zu gestalten. Damit war sie auch diejenige, die als Verwandlungsschauspielerin den Hauptanteil der fiktionalisierenden Arbeit leistete, auch in den Improvisationen die theatrale Fiktion wahrte. Sie gelang ihr manchmal fast zu gut.

*Obgleich ich, als Mann verkleidet, bestimmt nicht verführerisch aussehe, ist es mir wahrscheinlich wegen der großen Entfernung der Bühne vom Zuschauerraum schon passiert, daß sich Frauen in mich verliebt und mir als Mann Briefe geschrieben haben. So passierte es mir einmal, daß eine Angestellte des Büffets des Theaters, in dem wir auftraten, mir jeden Tag Liebesbriefe schrieb. Einmal sprach sie mich an, da war ich schon in Hosen und geschminkt. Sie hielt mich wirklich für einen Mann und bat mich um ein Rendezvous. Als ich wieder als Frau aus dem Theater ging, kam sie mir zufällig abermals entgegen. »Ich habe gerade Ihren Bruder gesprochen«, sagte sie zu mir. »Der sieht Ihnen kolossal ähnlich. Nicht wahr, Sie sind die Schwester? Bitte, sagen Sie ihm, er solle morgen bestimmt zum Rendezvous kommen, ich hätte großes Interesse für ihn!« Ich habe es ihm nicht ausgerichtet ...*¹²

In der gemeinsamen »Firma Valentin-Karlstadt«¹³ hatte Liesl Karlstadt zudem Aufgaben einer Regieassistentin, Dramaturgin, Maskenbildnerin, Souffleuse, Sekretärin und Managerin zu erfüllen. In ihren Händen lag vor allem die praktische Umsetzung der Ideen für eine Inszenierung. Sie notierte von Probe zu Probe, was ihr und Valentin zur Handlung, zum Dialog oder zu den Requisiten einfiel. Sie kümmerte sich um die Details der Aufführung, sie arbeitete mit den übrigen Darstellern, kostümierte, schminkte, leitete sie an. Bach berichtete, er habe Valentin einmal wegen der »unübertrefflichen Echtheit« der Ensembleszenen, des Bühnenbilds, des ganzen Milieus in der »Rosenau« seine Bewunderung ausgedrückt, worauf ihm Valentin geantwortet habe: »Wissens, daß dees was wird, des macht alles d'Fräulein Karlstadt. Ich könnt dees net, i wär viel z'nervös dazu.«[14]

Über Valentins Lampenfieber und ihre Aufgabe als Souffleuse berichtete Liesl Karlstadt: »*Er [Valentin] hat die 27 Jahre, wo wir zusammen gearbeitet haben, jeden Tag, bevor der Vorhang aufgegangen ist, bei jedem Stück, was wir schon hundert- und zweihundertmal gespielt haben, gesagt: »Gelt, wissen tu ich gar nix. Du sagst mir jedes Wort ein.« Sag ich: »Ja, das mach ich.« Und das hab ich auch 27 Jahre lang gemacht. Ohne daß man es im Publikum gemerkt hat. Aber dazu will ich noch sagen: die allerbesten Einfälle, die witzigsten Sachen sind dann erst während der Aufführung entstanden, wenn die Leute gelacht haben. Nur ist da so viel verlorengegangen, denn, wenn er guter Laune war, und gutes Publikum da war, die ihn verstanden haben, dann ist ihm so viel Neues eingefallen, und unter dem Spielen hab ich mir gedacht »Das muß ich mir merken, das muß ich mir merken«, und er auch – und wenn wir fertig waren, haben wir vielleicht von zehn Witzen bloß mehr einen gewußt.*«[15]

Es ist mittlerweile bekannt, daß Valentin ein schwieriger Partner und die Beziehung zwischen ihm und Karlstadt auf der Bühne wie im Leben wesentlich komplizierter war, als beide in den Jahren ihrer Zusammenarbeit nach außen dringen ließen,[16] vielleicht auch problematischer als sie sich selbst zeitweise eingestehen mochten. So ist nur aus Andeutungen und versteckten Hinweisen in Interviews und Presseberichten zu erschließen, daß Karlstadt um 1929 sich von Valentin zwar nicht zu lösen begann, daß sie aber versuchte, aus seinem Schlagschatten heraus und eigenständig neben ihn zu treten. Durchaus noch in der Glanzzeit der großen gemeinsamen Karriere als Komikerstars, schien Karlstadts bislang vielleicht zurückgedrängter Ehrgeiz durchzubrechen, sich als Schauspielerin auch in neuen Zusammenhängen unter Beweis zu stellen und einmal etwas anderes zu spielen als immer nur die vom Partner Valentin vorgegebenen und auf ihn zugeschnittenen »komischen« Rollen. 1929/30 begann ein neuer Abschnitt in ihrer Biographie. Dabei ist die gesellschaftliche Entwicklung mitzudenken. Am »Schwarzen Freitag«, den 29. Oktober 1929 erreichte die Weltwirtschaftskrise ihren ersten Höhepunkt, mit dramatischen Folgen auch für die Unterhaltungsbranche. Valentin und Karlstadt waren freilich selbst zunächst kaum betroffen; wenn sie auftraten, waren die Kabaretts und Theater nach wie vor ausverkauft. Im übrigen halfen die beiden sehr großzügig notleidenden Kollegen.[17] Längerfristig hat es allerdings den Anschein, als hätten sie unterschiedlich auf die sich abzeichnenden wirtschaftlichen und politischen Veränderungen reagiert und jeweils verschiedene, in der Konsequenz sogar gegensätzliche Perspektiven für sich entwickelt. Während nämlich Valentin aus der Krise heraus verstärkt auf eigene Projekte und deren Verwirklichung zu setzen begann und in der Folge ja immer wieder – ziemlich erfolglos bis hin zum ökonomischen Desaster – versuchte, sich mit eigenen Unternehmen (Goethe-Saal, Panoptikum, Ritterspelunke) von fremden Angeboten unabhängig zu machen, scheint es, als würde Karlstadt bei aller (auch finanziell ruinösen) Solidarität mit dem Partner eher das Ziel verfolgt haben, durch ihre weitere Professionalisierung als Schauspielerin unabhängiger – eben auch von Valentin – zu werden, ihre Spielmöglichkeiten zu vervielfachen und fallweise sich bietende Chancen am Theater und im Film besser ausnützen zu können.

1930 nahm sie Sprech- und Schauspielunterricht bei Mara Feldern-Förster, und noch im Dezember 1930 kündigte die Münchner Presse »Liesl Karlstadt als Schaupielerin« an: »An Stelle von Therese Giehse, die eben in Berlin spielt, wird, wie uns die Kammerspiele im Schauspielhaus mitteilen, vom Sonntag an Karl Valentins (von ihm eigentlich nicht wegzudenkende) Partnerin Liesl Karlstadt in Bruno Franks ›Sturm im Wasserglas‹ die gekränkte Hundemutter darstellen. Wie auch immer, es wird etwas exemplarisch Münchnerisches dabei schon herauskommen. Was wohl Valentin dazu sagen wird?«[18]

Auch wir wissen es nicht. In Valentins Auftrittsverzeichnis steht unter Dezember 1930, wie schon in den Monaten zuvor:

Kolosseum, dazu: »ab 14. Karlstadt im Schauspielhaus ›Sturm im Wasserglas‹ Frau Vogl, nebenbei«.[19] Wobei mit »nebenbei« wohl gemeint war, daß die gemeinsamen Auftritte im Kolosseum (in den Stücken »An Bord«, Premiere 3. November 1930, und »Der Bittsteller«), die Karlstadt während ihres Engagements im Schauspielhaus (14. Dezember 1930 bis 11. Januar 1931; April 1931) allabendlich im Anschluß an die Vorstellung von »Sturm im Wasserglas« auch noch absolvierte, für ihn die Hauptsache waren. Für sie wird es eher umgekehrt gewesen sein.

Liesl Karlstadt hatte nämlich als Frau Vogl großen Erfolg bei Publikum und Presse. Zur premierenartig gefeierten ersten Vorstellung am 14. Dezember 1930, zwei Tage nach ihrem 38. Geburtstag, dankte und gratulierte »innigst« der Autor Bruno Frank; auch Herr und Frau Thomas Mann schickten Blumen und ihre Visitenkarte mit der Ankündigung, nach der Vorstellung den Versuch zu machen, »guten Tag zu sagen«.[20]

Wilhelm Hausenstein schrieb zwei hervorragende Kritiken, in denen er Liesl Karlstadt zunächst bestätigte, »jede Erwartung, die ihrem ersten Auftreten auf der literarischen Bühne, einem rein schauspielerischen Auftreten, entgegengebracht wurde«, befriedigt und eine »vollkommene« Leistung vollbracht zu haben: »Diese Frau Vogl war in jeder Faser bezwingend und gab dem ganzen Abend ein entzückendes Cachet. Der Beifall war frenetisch; Liesl Karlstadt wurde mit den übrigen Spielern wohl ein dutzendmal gerufen.« Hausenstein wies in seiner großen Kritik noch einmal ausdrücklich darauf hin, daß die Bedeutung dieser Künstlerin neben der »unheimlichen Genialität des Komikers und Charakterspielers Karl Valentin« nicht immer nach Gebühr wahrgenommen worden sei: »Und eben weil man Liesl Karlstadt im großen ganzen wohl nicht immer so nachdrücklich gewürdigt hat, wie sie es verdient, war es gut, sie auch einmal allein zu sehen – als eine selbständige Künstlerin, die aus dem Schatten ihres erstaunlichen, erschütternden Partners Valentin auf einige Stunden heraustritt. Denn leider hat Liesl Karlstadt es längst aufgegeben, die Sketschs der komischen Bühne zu spielen, in denen sie sich auf eigene Faust zur Geltung bringen konnte:

Sketschs wie die unvergeßliche ›Hutprobe‹, die wir vor langen Jahren im Varieté-Cafe ›Germania‹ gesehen haben [...] Wie wird es nun weitergehen?«[21] Ein anderer Kritiker machte zu dieser Frage bereits Vorschläge: »Bravo, Liesl Karlstadt. Herzlich willkommen in den Schauspielhäusern. Nun zu Thoma, Anzengruber ...!«[22]

Ganz so zügig ging es nicht weiter, weil Einzelengagements Liesl Karlstadts zunächst ja immer »nebenbei« laufen mußten. So trat sie im April 1931, während Valentins Projekt eines eigenen Theaters im Goethesaal binnen weniger Wochen an den Schikanen der Feuerpolizei und anderer Behörden scheiterte,[23] wieder in »Sturm im Wasserglas« auf, und dann bis Jahresende nur noch mit Valentin im Kolosseum. Die einzige Ausnahme war am 1. September 1931 ihr *1. Gastspiel* im Bayerischen Rundfunk, im burlesken Hörspiel »Der Weiberkrieg« (von Richard Elchinger, frei nach Aristophanes), wo sie unter Otto Framers Regie als »urbayerische Spartanerin loslegte«.[24]

An Weihnachten 1931 erschien »Das Karl Valentin Buch, das erste Bilderbuch von & über Karl Valentin und Lisl Karlstadt« im Verlag Knorr und Hirth. Wie gefragt das Komikerpaar auf Münchens Bühnen war, zeigte sich am Sylvester-Abend 1931, an dem sie nacheinander Gastspiele in drei verschiedenen Häusern absolvierten: im Volkstheater in »Frauen haben das gern« (Arnold/Bach), im Schauspielhaus in »Der böse Geist Lumpazivagabundus« (Nestroy) und auch noch im Kolosseum. Karlstadts Rundfunk-Engagements gingen 1932 weiter (13. Januar, 20. Februar), ebenso ihre Auftritte mit Valentin im Kolosseum. Im April war sie aber in Italien, wie wir aus Briefen des daheim gebliebenen Valentin an die »Städt. Urlauberin« und »Comikerin aD«: »Liebe billige Wellanolieselkarlstadtly« wissen.[25] Vor der Abreise, am 19. April 1932, hatte sie ihm ihr Porträt mit den vielsagenden Zeilen geschenkt: *Meinem komischen Partner & Patienten Karl Valentin in nie versagender Geduld gewidmet von Liesl Karlstadt Beruf: Nervenärztin Nebenbeschäftigung: Komikerin.*[26] Anläßlich ihrer Rückkehr am 5. Mai kündigte Valentin ziemlich weitreichende Vorkehrungen an: »Karlsthor – Isarthor – Sendlingerthor. Siegesthor, Salvator alles ist schon dekoriert. [...] Sämtlichen Leberkäs und Weißwürste habe ich schon vernichten lassen. In deiner Wohnung befinden sich bereits 3000 Zentner Spagetti und Polenta. [...]«[27]

Am 4. Juni 1932 feierte Karl Valentin seinen 50. Geburtstag. Liesl Karlstadt schenkte ihm einen Ring – *mit einem Lapislazulistein. Lang hat er ihn nicht getragen. Als er nämlich in der Zeitung las, daß einem Soldaten, der beim Abspringen vom Lastwagen mit seinem Ring am Wagen hängengeblieben war, der Finger abgerissen wurde, hat Valentin nie mehr einen Ring getragen. Ja, überaus ängstlich war er halt schon.*[28]

Vom 25. Mai bis 5. Juli 1932 standen beide als Zirkusdirektor-Ehepaar für Max Ophüls' Film »Die verkaufte Braut« vor der Kamera. Ophüls' Erinnerungen an die Arbeit mit Valentin und Karlstadt geben seinen subjektiven Eindruck von der Beziehung zwischen Karlstadt und Valentin wieder: »Einer der größten Volksdarsteller, Karl Valentin, der zu Bayern gehört wie Bier, Rettich und Brezeln, spielte eine große Rolle. ›I mag net‹, sagte er, als ich mit ihm in Verhandlungen eintrat. [...] ›Un wenn S'wollen, daß i spiel, i kann net sag'n, was gedruckt is; [...] Un allein sag'n kann i's aa net, da bleib i steck'n. Das Fräulein muß es mit mir sag'n.‹ Das Fräulein war eine dicke Mamsell, die immer seit Jahr und Tag mit ihm auftrat und die ihm immer einhalf, wenn er nicht mehr weiter wußte in seinen kleinen Szenen, die er sich alle selbst ausgedacht hatte. [...] Sie heißt Liesl Karlstadt. Er lebte mir ihr wohl schon dreißig Jahre zusammen [tatsächlich waren es 1932 erst 20 Jahre], aber weil sie nicht verheiratet waren, nannte er sie immer noch repektvoll ›das Fräulein‹. [...] Das Fräulein hat er sehr geliebt, aber er war immer grob zu ihr und hat kaum mit ihr gesprochen. Eines Tages wurde sie krank während der Aufnahmen; sie hatte Lungenentzündung. Sie hatte nur noch eine einzige Einstellung zu drehen und ich nahm ein Double. Als der Film im nächsten Jahr fertig war, zeigte ich ihn als ersten weder der Kritik noch den Aufsichtsräten, sondern ganz allein dem Karl Valentin und dem Fräulein. Es war mir sehr wichtig, ihre Reaktion zu kennen. Als es hell wurde, saß Valentin da, und die Tränen liefen ihm übers Gesicht. ›Wie hat es Ihnen gefallen?‹ fragte ich. ›Traurig!‹ sagte er. ›Sehr traurig! Von dem einen Bild an, wo jemand Fremdes das Fräulein war, wie mir da vor dem Karren über die Landstraß gehn, hab i weinen müssen. I hab die ganze Zeit dran gedacht, wie das Fräulein so krank war.‹«[29]

Liesl Karlstadt hat diese Krankheit in ihrem Bühnenalbum Nr. 2 notiert. *Karlstadt vom 2. – 16. Juli krank*, heißt es da ohne weitere Hinweise auf die Art der Erkrankung. Und sie hat den letzten Drehtag, den 5. Juli 1932, an dem sie gedoubelt wurde, gleich dreimal unterstrichen. Auch in Valentins Auftrittsverzeichnis ist registriert: »ab 3. Juli Karlstadt krank«, und außerdem: »5. Juli Karlstadt schwer krank«.

Dennoch ließ sie sich nicht davon abhalten, die Hauptrolle in der Komödie »Die 3 Gschpusi der Zenta« von Heinrich Hinck und Josef Mooshofer am Münchner Volkstheater zu übernehmen – ein schlichtes Stück, doch eine Rolle, die wegen der auswärtigen Gastspiele des Volkstheaters nicht »nebenbei« zu spielen war und jedenfalls für die zweite Jahreshälfte die Unterbrechung der Arbeit mit Valentin implizierte. Uraufführung war am 16. August 1932 im Volkstheater, dem gleichen Tag, an dem auch der Ophüls-Films »Die verkaufte Braut« im Münchner Phöbus-Palast welturaufgeführt wurde. Im September 1932 lief das Stück »Die 3 Gschpusi der Zenta« sehr erfolgreich in München, im Oktober und November ging Liesl Karlstadt mit dem Volkstheater-Ensemble auf Tournee.[30]

Riegler deutet Auseinandersetzungen mit Valentin an, der von den schauspielerischen Alleingängen seiner Partnerin »keineswegs entzückt« gewesen sei und offenbar Angst gehabt habe, sie könne ihm entgleiten und zum etablierten Theater wechseln.[31] Daß Valentin tatsächlich herzlich wenig von den »3 Gschpusi« und Karlstadts Tournee hielt, läßt sich unschwer seinem Brief vom 28. Oktober 1932 entnehmen. Derselbe Brief enthielt freilich auch den Entwurf zu einer Komödie, die Valentin seinerseits extra für Karlstadt und mit ihr als Mittelpunkt schreiben wollte: »München, den 28. Oktober 32. Liebe Lisl! Sende Dir mal eine Skizze des besprochenen Stückes. Das Stück würde viel Geld und Arbeit kosten, aber es wäre wirklich einmal etwas noch nie Dagewesenes also gerade das Gegenteil von den ›3 Gspusi‹. Du müsstest natürlich, vor ich Dir das Stück zu schreiben beginne die Möglichkeit von allen darin vorkommenden Typhen in Haltung, Sprache, Maske und Kleidung genau ausprobieren, erst dann ist es möglich das Stück zu schreiben, wenn Dir diese Typhen vollständig zu Deiner Zufriedenheit gelingen. – Sinn braucht die ganze Komödie sehr wenig haben, es soll Deine grosse Kunst im ›Menschen darstellen‹ gezeigt werden [...] – Auch könntest Du das Stück [...] überall bringen, sogar in Penzberg [wo Karlstadt am 26. Oktober mit dem Volkstheater gastiert hatte], wohin ich aber nicht persönlich erscheinen möchte, wegen ›Nasevollhaben‹. – Du kannst Dir die Skizze auch selbst nach evtl. weiteren, besseren Einfällen ausarbeiten und wir können dann nach Ablauf Deiner Bauerngastspiele in der Grosstadt München weiter über das neue ›noch nie Dagewesene‹ sprechen. Mit bestem Gruss Karl Valentin Stückeschreiber.«[32]

Von der geplanten Komödie in drei Akten wurde im folgenden Jahr dann doch nur der Einakter »Ehescheidung vor Gericht« aufgeführt, in dem Liesl Karlstadt aber wieder alle Register ihrer Verwandlungskunst ziehen konnte. Sie spielte fünf verschiedene Rollen, jede ein anderer Typ und eine neue Maske. So trat sie innerhalb von 15 Minuten nacheinander auf als der Ehemann Peter Zellner mit Vollbart und Hut, angeklagt wegen »weiblicher Körperverletzung« (»Geschlagen hab ich's net, ich hab ihr bloß an Suppenhafen naufghaut«), als seine Ehefrau Mizzi, deren flegelhafter Sohn Karl, als Herr Schulze aus Berlin, der preußische Untermieter mit Spitzbart und Brille (»Wat heest hier jeschlagen. Zellner hat ihr man den Topf'n bißchen uffjesetzt. Na, wenn schon!«) und als Münchner »Millifrau« und Ratschkathl Amalie Schnell (»Ganz recht hat er ghabt, daß er ihr an Suppnhafn naufghaut hat aufn Schädel. Nur um d'Suppn is schad.«).[33]

Aus einem Manuskript in Liesl Karlstadts Nachlaß, das in der vorliegenden Form bisher unveröffentlicht ist, geht hervor, daß Valentin um diese »Verwandlungsszene« herum wahrscheinlich doch ein größeres Stück, seine Hommage an Liesl Karlstadt, konzipiert hatte.[34] Unter dem Titel »L. K. (Lustiges Allerlei v. Karl Valentin)« sollten drei Einakter lose, aber doch wie drei Akte, miteinander verbunden werden und in jedem Einakter bzw. Akt die Schauspielerin Liesl Karlstadt – hier unter ihrem eigenen Namen – im Zentrum stehen. Der als »Vorspiel« entworfene und noch nicht publizierte erste Einakter spielt im Büro eines leicht größenwahnsinnigen und permanent telefonierenden Volkstheater-Intendanten, mit dem die Schauspielerin Liesl Karlstadt ihr Gastspiel abzusprechen versucht, wobei immer neue Anrufe für Unterbrechungen sorgen bis Frl. Karlstadt schließlich, zunehmend verärgert, die Telefonschnur durchschneidet. Sie schlägt ihm »zwei lustige Einakter von Karl Valentin« vor, »echte kleine Volksstücke aus dem Leben«, verteidigt nebenbei auch das geliebte alte Volksstück »Der Müller und sein Kind« gegen den Kitsch-Vorwurf. Der Intendant würde dagegen lieber den »Tannhäuser« oder eine mondäne Revue mit 100 schönen Mädchenbeinen auf die Bühne bringen ... Dazu Karlstadt: *Soviel hab ich leider nicht Herr Intendant; ich hab nur zwei. Drei wären mir direkt zu viel.* Nachdem die besseren Argumente des Frl. Karlstadt gesiegt haben, wird mit der Intendantenfrage nach dem Beginn ihres Gastspiels in der Valentin eigenen Technik der Desillusionierung zum nächsten Akt übergeleitet. Karlstadt: *Den ersten Akt haben wir doch soeben gespielt: »Im Theaterbüro des Intendanten«. Und jetzt kommt der zweite Einakter, der heisst »Ehescheidung im Gerichtssaal«.* Es folgt ein Umbau auf offener Bühne – »wichtige Regiebemerkung«: »Die Bühnenarbeiter haben sich bei offenem Vorhang genauso zu benehmen, wie bei geschlossenem. Ohne jegliche schauspielerische oder komische Bemerkung oder Gesten, denn das würde das Gegenteil vom Autor seiner Absicht bewirken.« Mit einer ähnlichen Technik, diesmal jedoch die Zuschauer in ihrer Doppelfunktion als fiktionales Gerichtssaal- und reales Theaterpublikum einbeziehend, wird nach der »Gerichtsverhandlung« zum dritten Einakter übergeleitet: »Sie weiss etwas«.[35]

Ende 1932 folgten auf die wirklichen »Bauerngastspiele« mit dem Volkstheater einige Drehtage, zuerst für den Film »Muss man sich gleich scheiden lassen«, in dem Karlstadt in einer Nebenrolle zu sehen war. Wichtiger war der erste Valentin-Karlstadt-Tonfilm »Im Fotoatelier« (Regie: Karl Ritter, Produktion: Reichsliga-Film), der im November 1932 in Geiselgasteig gedreht wurde und im Januar 1933 Premiere hatte. Um die Jahreswende 1932/33 spielten Karlstadt und Valentin auch wieder gemeinsam in einer Gruss-Revue im Deutschen Theater, die ziemlich erfolglos gewesen sein muß, weil sie den Ko-Autor Valentin nachträglich zu den Reimen verleitete: »›Wie's früher war‹, so hieß das Stück, doch aus blieb's finanzielle Glück.«[36] Für März bis Juni 1933 – vom Rathaus hing bereits die Hakenkreuzfahne – nahm Liesl Karlstadt noch einmal eine große Rolle am Schauspielhaus an, die vor ihr Therese Giehse gespielt hatte: die Wirtschafterin Johanna in Ludwig Hirschfelds Lustspiel »Das schwedische Zündholz«. Die Kritik lobte ihre »sonnige Natürlichkeit«, ihren »drastischen Humor« und ihre »volkstümliche Art zu sprechen und sich zu bewegen«, vermißte allerdings die »schauspielerische Ausdruckskraft« und »Pointensicherheit« der Giehse.[37] Im März stand sie aber auch schon wieder mit Valentin auf der Bühne des Kabaretts Wien – München, als Schallplattenverkäuferin, als Dirigent des »Vorstadtorchesters« und in ihren fünf neuen Rollen in »Ehescheidung vor Gericht«.

»Sie waren ja gestern wieder grossartig in Ihrem Spiel. [...] Sie haben sich selbst übertroffen – Ihre Sprache und Ihre Mimik – das macht Ihnen keine nach. [...] Gelacht haben wir über Sie. Wie machen Sie das bloss, daß Sie jedesmal eine andere Person sind?«, ließ Valentin im dritten Einakter »Sie weiss etwas« die beiden Gastgeber und Bewunderer der Karlstadt fragen.

Dafür ist man schließlich Schauspielerin – ich spiele am Theater fast alle Fächer.[38]

1 In: Valentin: Gesammelte Werke 1985, S. 57 – 59.
2 »Geschäftsheirat« wurde nicht in die Ausgabe der sämtlichen Werke Karl Valentins übernommen, weil laut Typoskript dieser Text ausschließlich von Liesl Karlstadt stammt.
3 Zit. nach Schulte: Valentin, S. 63.
4 Typoskript: Unser Agent. Selbsterlebtes, erzählt von Liesl Karlstadt. (1 S.); Typoskript: Müller und sein Kind. Erlebnis von Liesl Karlstadt, 1913 (1 S.) – beide im Nachlaß L. K., Monacensia. Hier auch die Typoskripte: Wo hans'n? Selbsterlebtes, erzählt von Liesl Karlstadt. (1 S.); Das alte Sendlinger Kirchlein. Aufsatz enthalten in der Münchner Zeitung vom 4. Dezember 1922 (1 S.); Liesl Karlstadt auf der Auerdult. Beitrag zur Klingenden Funkpost, 24. Oktober 1953 (1 S.).
5 Riegler: Karlstadt Buch, S. 34.
6 Bach: Die Frau als Schauspielerin, S. 80 – 81.
7 Carl Niessen: Karl Valentin und die Münchner Volkssänger, München o. J., S. 4. Zit. nach Pemsel: Valentin im Umfeld, S. 172.
8 Liesl Karlstadt, zit. nach Riegler: Karlstadt Buch, S. 54.
9 Vgl. Bach: Die Frau als Schauspielerin, S. 80 – 81.
10 Riegler: Karlstadt Buch, S. 25.
11 Vgl. Pemsel: Valentin im Umfeld, S. 168 – 173, S. 264 – 266.
12 Liesl Karlstadt: Valentin und ich. Undat. Zeitschriftenbeitrag [um 1929/30] in L. K. Album Nr. 1. Vgl. auch Riegler: Karlstadt Buch, S. 35 – 36.
13 Vgl. Karl Valentin: Brief an Liesl Karlstadt, 2. Oktober 1935. In: Valentin SW Bd. 6: Briefe, S. 73.
14 Bach: Die Frau als Schauspielerin, S. 86.
15 Müller-Marein: Das Leben beim Wort genommen (Hörfunksendung). Zit. nach Schulte: Valentin, S. 59.
16 Aufschlußreich die erst 1991 im Zusammenhang der Werkausgabe veröffentlichten privaten Briefe Karl Valentins an Liesl Karlstadt (Nachlaß L. K., Valentin-Musäum). Vgl. Valentin SW Bd. 6: Briefe. Briefe Karlstadts an Valentin liegen bislang nicht veröffentlicht vor.
17 Zahlreiche Belege für Valentins Solidarität und Hilfeleistungen bei: Münz: Geschriebenes von und an Karl Valentin, S. 142 – 147; hier auch: Zusammenstellung von Armenspeisungen vom 2. November bis 13. Dezember 1932, die Karl Valentin bezahlt hat.
18 Undat. Zeitungsausschnitt [Ankündigung für 14. Dezember 1930] in L. K. Album Nr. 1.
19 Valentin: Auftrittsverzeichnis, Typoskript S. 30.
20 Karten und Telegramme, eingeklebt in L. K. Album Nr. 1.
21 Undat. Zeitungsausschnitte [beide vermutlich »Theater-Zeitung«, nach 14. Dezember 1930] in L. K. Album Nr. 1.

22 O. F. Sch.: Liesl Karlstadt in »Sturm im Wasserglas«. Undat. Zeitungsausschnitt [15./16. Dezember 1930?] in L. K. Album Nr. 1.
23 Ausführliche Darstellung in Schulte: Valentin, S. 146 – 150. Dokumente in Münz: Geschriebenes von und an Karl Valentin, S. 149 – 150.
24 Vgl. Rundfunkprogramm und undat. Zeitungsausschnitte [Sept. 1931] in L. K. Album Nr. 2.
25 Vgl. Briefe Valentin an Karlstadt vom 5. April [wahrscheinlicher: 4. Mai], 26., 27., 28. und 30. April, sowie 2. Mai 1932. In: Valentin SW Bd. 6: Briefe, Nr. 47 – 52, S. 50 – 54.
26 Foto mit handschriftlicher Widmung veröffentlicht in Münz: Geschriebenes von und an Karl Valentin, S. 168.
27 Brief Valentin an Karlstadt, 2. Mai 1932, in Valentin SW Bd. 6: Briefe, Nr. 52, S. 53 – 54.
28 »Als Valentin im Nebenzimmer eines Münchner Gasthofs [...] in kleinem Kreis seinen fünfzigsten Geburtstag feierte, rezitierte Liesl Karlstadt ein selbstverfaßtes Gedicht und brachte auf einem Tablett fünfzig brennende Lichter herein, da sie auf dem Geburtstagskuchen keinen Platz hatten. Riegler: Karlstadt Buch, S. 73. – Das Geburtstagsgedicht Liesl Karlstadts »Dem Geburtstagskinde!«, München, 4. Juni 1932, ist abgedruckt in Münz: Geschriebenes von und an Karl Valentin, S. 169 – 172. – Zitat Liesl Karlstadt aus: [Einleitung zu] Karl Kurt Wolter: Karl Valentin – privat. München – Köln: Olzog 1958.
29 Max Ophüls: Spiel im Dasein. Eine Rückblende. Stuttgart 1959, S. 152 – 157. Zit. nach: Karl Valentins Filme. Hg. v. Michael Schulte und Peter Syr. München: Piper 1978, S. 91 – 92.
30 Tournee mit »Die 3 Gschpusi der Zenta« (1932) nach Kaufbeuren (15. Oktober), Immenstadt (18. Oktober), Lindau (19. Oktober), Füssen (20. Oktober), Memmingen (21. Oktober), Wörishofen (22. Oktober), Passau (24. u. 25. Oktober), Penzberg (26. Oktober), Weilheim (27. Oktober), Kempten (28. Oktober), Landsberg a. Lech (29. Oktober), Straubing (9. November), Neumarkt (11. November), Amberg (12. November), Stuttgart (14. bis 19. November), Würzburg (4. Dezember) – sehr ausführlich in L. K. Album Nr. 2. Tourneedaten auch in Valentin: Auftrittsverzeichnis, Typoskript S. 31. – Ansichtskarte aus Marbach an Karl Valentin: »Heute war ich beim Schiller. Servus Liesl [...]« in L. K. Album Nr. 2, darunter handschriftlich: »Der Ausflug hierher am 16. November war der schönste Stuttgarter Tag!«
31 Vgl. Riegler: Karlstadt Buch, S. 59. Über Valentins Eifersucht ebd. S. 48 – 49.
32 Brief Valentin an Karlstadt, 28. Oktober 1932. In: Valentin SW Bd. 6: Briefe, Nr. 56, S. 56 – 57.

33 Vgl. Schulte: Valentin, S. 53.
34 Typoskript 13 Bl., Nachlaß L. K., Monacensia.
35 Dieser Einakter ist veröffentlicht. Vgl. Karl Valentin und Liesl Karlstadt: Sie weiss etwas. In: Valentin SW Bd. 8: Filme und Filmprojekte. Hg. v. Helmut Bachmaier und Klaus Gronenborn, München: Piper 1995, S. 39 – 47. Kommentar zu »Sie weiss etwas«, S. 457 – 459, auf der Grundlage des Typoskripts »L. K.« korrektur- bzw. ergänzungsbedürftig; ebenso korrekturbedürftig der Kommentar zum Brief (28. Oktober 1932) in: Valentin SW Bd. 6: Briefe, S. 257.
36 Still ruht der See. Parodie von Karl Valentin zu Hans Gruss 50stem Geburtstag. In: Valentin SW Bd. 6: Briefe, Nr. 61, S. 61.
37 Undat. Zeitungsausschnitte [März 1933] in L. K. Album Nr. 2.
38 Valentin und Karlstadt: Sie weiss etwas. In: Valentin SW Bd. 8: Filme, S. 39.

Im Senderaum

Valentin und Karlstadt mit Beppo Benz im Salvator-Keller

Karl Valentin und Liesl Karlstadt privat

Halte aus im Sturmgebraus

Der Einakter »Sie weiss etwas« spielt im Wohnzimmer des Ehepaars Vstblk und zeigt als »Spiel im Spiel« Liesl Karlstadt in der – in Valentins Augen wohl immer reizvollen – »Uniform« eines Dienstmädchens. Als freches Dienstmädchen Paula darf sie dem Besucher Baron von Pliefentranz, der für Valentin vorgesehenen Rolle, gehörig *die Hölle heiss machen*. Das Verhältnis Herr – Dienerin wird höchst grobianisch umgedreht. Zum Abschied gibt sie dem Baron freilich »ein Zwickerbusserl« und bald auch einen Kuß, worauf der sich sogleich «unsterblich« verliebt (»Ich war ein eingefleischter Junggeselle und Weiberfeind, aber die süssen Küsse von Fräulein Paula haben mich plötzlich verändert«) und dem vermeintlichen Dienstmädchen einen Heiratsantrag macht, den die Schauspielerin Liesl Karlstadt, ihre Verkleidung ablegend, jedoch ablehnt: *Weil ich kein Dienstmädchen bin –*.[1]

Wie dabei hinter dem Klamauk auf zugleich intensive und fast kindlich raffinierte Weise auch eine Auseinandersetzung mit Karlstadts Wünschen geschieht, wieviele Anspielungen also auf ihre Liebes- und Arbeitsbeziehung in die slapstickartig konstruierte Szene zusätzlich noch als Subtext eingebaut sind, läßt sich an einem scheinbar unbedeutenden Detail, der Girafftorte, erahnen. Auf dem Höhepunkt des turbulenten Abendessens nämlich, nachdem Karlstadt-Paula dem Baron Pliefentranz-Valentin Flaschenbier ins Gesicht gespritzt, ihn darauf bei der Nase gepackt, in seine Nasenlöcher geschaut und ihm mit dem Tischtuch die Nase zu schneuzen begonnen hat, haut der Baron mit dem Ausruf: »Jetzt wird mir aber die Geschichte zu bunt!«, mit der Hand auf den Tisch »und schlägt in die Torte hinein (Giraffen-Schokoladentorte) dass die braune Masse alle besudelt«.[2] Und hiermit sei verraten, daß es sich bei der von Pliefentranz brutal zerstörten »feinsten« Giraffen-Schokoladentorte, die Karlstadt-Paula im Fortgang der Handlung von der Wand und am Tisch wieder zusammenzuscharren sucht, mitnichten um irgendeine »mit Alkoholika durchtränkte Punschtorte, die mit einem Giraffenmuster verziert wird«, handelt, wie Klaus Gronenborn im Stellenkommentar behauptet,³ daß vielmehr erstens eine Grafftorte aus einer auf einem Mürbteigboden hoch aufdressierten Schokoladenschaummasse besteht, mit einem weiß glasierten und mit Schokoladetupfen versehenen Biskuitdeckel obendrauf, daß zweitens diese Grafftorte aber vor allem Karlstadts Kinder-Leibspeise war: *[...] und manchmal wenn ich recht brav war, durfte ich mir für 10 Pfennig ein Stück Grafftorte kaufen, was meine Leibspeise war. Immer dachte ich mir dabei, wenn i amal gross bin – kauf ich mir eine ganze Grafftorte*, daß also drittens die »Giraffen-Schokoladentorte« und ihre Verwüstung in der Szene durchaus Symbolcharakter hat.

Valentin selbst soll den Einakter auf 1935 datiert haben⁴ – ein sorgenvolles Jahr für beide Künstler, unglücklicher noch für Karlstadt als für Valentin.

Ab März 1933 hatte Karlstadt wieder begonnen, regelmäßig gemeinsam mit Valentin aufzutreten, zuerst im Kabarett Wien – München, ab Mai 1934 dann im Kolosseum. Dazu kamen in den Jahren 1933 und 1934 fast jeden Monat Filmaufnahmen. So standen Valentin und Karlstadt gemeinsam vor der Kamera für die Verfilmung ihrer Originalszenen »Orchesterprobe« (Juli 1933), »Der Theaterbesuch« (4. und 5. Januar 1934), »Im Schallplattenladen« (Februar 1934), »Der reparierte Scheinwerfer« (Mai 1934), »Vorstadttheater« (Mai 1934) und »Der Firmling« (August 1934). Außerdem drehten sie den Snip Werbefilm für die Austria-Tabak (Februar 1933) und den Kurzfilm »Es knallt« (mit Adele Sandrock u.a., November 1933). Karlstadt hatte auch Rollen in anderen Filmen übernommen und Drehtage für »Frl. Hoffmanns Erzählungen« (mit Anny Ondra u.a., Juni 1933), »Mit Dir durch dick und dünn« (Oktober 1933), »Der Geizhals« (mit Joe Stöckel u.a., 12. Januar 1934) und »Liebe dumme Mama« (mit Luise Ulrich u.a., 1934).⁵

Beim Münchner Faschingszug am 11. Februar 1934 waren Valentin und Karlstadt mit einem Wagen voll durcheinander liegender Kulissenteile und Werkzeuge und einem Plakat mitgezogen: »Entschuldigens wir sind mit dem Wagen nicht fertig worn«. Mit seinem vergegenständlichten Witz wies der Wagen bereits auf das nächste Projekt hin: das Panoptikum.[6] Dieses in der Literatur gut dokumentierte »Grusel- und Lachmuseum« war einerseits Valentins Lieblingsprojekt, andererseits sein größter finanzieller Mißerfolg. Und dieser finanzielle Mißerfolg betraf auch Liesl Karlstadt, die – sei es aus Liebe, Freundschaft, Dankbarkeit oder Solidarität, vermutlich aus allem zusammen, wider besseres Wissen und trotzdem wohl auch dem Genie ihres Gefährten vertrauend – ihre Ersparnisse für die Verwirklichung seiner »fixen Idee«[7] opferte. Schon im März 1934 hatte Valentin die Genehmigung für das Panoptikum beantragt, obwohl die Finanzierung nicht gesichert war und die Vorbereitungen hohe Geldsummen verschlangen, das wirtschaftliche Scheitern also eigentlich vorhersehbar war. »Unternehmer sind Karl Valentin (Fey) Schauspieler, Liesl Karlstadt (Wellano) Schauspielerin, Eduard Hammer Universitätsplastiker und Gebrüder Wagner, Besitzer des Hotels Wagner.«[8] »Ausgerechnet Liesl Karlstadt«, so Schulte, »die von Anfang an gegen das Panoptikum war«, zeichnete als Mit-Unternehmerin und riskierte dabei den Verlust ihres Vermögens. Am 1. Mai 1934 wurde die Konzession erteilt und von da an mußte auch dafür bezahlt werden. Eröffnet wurde der Kuriositäten- und Schauerkeller mit angeschlossenem Restaurationsbetrieb Die Hölle aber erst ein halbes Jahr später, am 21. Oktober 1934, wie vorgesehen in den Kellerräumen des Hotels Wagner. Doch inzwischen hatte sich Valentin längst zusätzliche fremde Geldgeber suchen müssen.

»Nachdem er sein gesamtes Vermögen in das Projekt investiert und auch Liesl Karlstadts Ersparnisse verpulvert hatte, verteilte er Schuldscheine an jedermann, der bereit war, ihm Geld zu leihen, wobei er auch unsinnige Zinsforderungen akzeptierte.«[9] Die Werbung lief auf vollen Touren: »Begeistert ist das Publikum von Valentin's Panoptikum! Das originellste Museum der Welt! Täglich im Hotel Wagner, Sonnenstr. 23. Eintritt 60 Pfg. Kinder & Militär die Hälfte. Wochentags von 4 – 12 h nachts, Sonntags von 4 – 12 h nachts.«[10] Vergebens: denn trotz durchwegs positiver Presseresonanz und der Berühmtheit Valentins blieb der Publikumserfolg aus; am 31. Dezember 1934 erlosch die Konzession. Das »Lachmuseum« wurde bis zur Wiedereröffnung am 4. Mai 1935 zugesperrt, ohne daß die Entstehungskosten innerhalb der gut zweimonatigen Öffnungszeit hereinzuholen gewesen wären. Karlstadt sah ihre schlimmsten Befürchtungen bestätigt. Das Panoptikum hatte nicht nur ihr Vermögen verschlungen; sie hatte zurecht wenig Hoffnung, ihre Investitionen je zurückzubekommen. Am 16. November 1935 wurde das Panoptikum geschlossen.[11]

Man weiß heute, daß Liesl Karlstadt weit weniger robust und belastbar war, als es die Beziehung mit Valentin und auch die auf ihn und seine geniale Hypochondrie fixierte Öffentlichkeit über Jahrzehnte hin ihr abforderten. Galt sie doch lange als die immer geduldige und ausgleichende Partnerin, von der man im wirklichen Leben erwartete, was sie auf der Bühne als Gegenpol Valentins ins gemeinsame Spiel brachte: gesunden Hausverstand, Handfestigkeit, Realitätssinn, Normalität. Mag sein, daß sie sich selbst ebenfalls gerne als die muntere, tüchtige und starke »Kameradin« sah und darstellte, außerdem subjektiv zu sehr Schauspielerin war, um nicht auch den realen Anforderungen und Erwartungen an ihre Person so zu begegnen wie den Ansprüchen einer Rolle, die man einfach nur gut spielen mußte, wenn man Erfolg haben wollte. Vielleicht war Liesl Karlstadt ein zugleich wandlungs- und anpassungsfähiger Mensch, der eher beobachtend, mitfühlend und mimetisch als introspektiv lebte. Sicher war sie eine sensible, verletzliche und gesundheitlich sehr gefährdete Frau. Am 6. April 1935, vormittags 9 Uhr, versuchte sie sich in der Isar das Leben zu nehmen, wurde jedoch gerettet.[12]

Über Gründe und Ursachen ihres Zusammenbruchs und über den Verlauf ihrer psychischen Erkrankung gibt es einige Vermutungen und (noch) kaum gesicherte Kenntnisse. Die Krankenakten Liesl Karlstadts in der Psychiatrischen Klinik München sind nicht einsehbar. Bei ihrer Auswertung wären zudem psychiatriegeschichtliche Aspekte einzubeziehen, da über die Person der prominenten Patientin anscheinend auch institutionelle und innermedizinische Kämpfe ausgetragen wurden. Die wenigen mitgeteilten Fakten und überlieferten Dokumente ergeben ein höchst unvollständiges, eher zufälliges und in Einzelaspekten vermutlich sogar falsches Bild,[13] das beim derzeitig geringen Wissensstand nicht zusätzlich durch Deutungen und Spekulationen verzeichnet werden sollte.

Solange Liesl Karlstadt lebte, war Diskretion über die wiederkehrenden depressiven Phasen schon aus Berufsgründen notwendig. Noch Riegler umschrieb in seiner 1961, ein Jahr nach Karlstadts Tod, veröffentlichten Biographie den Selbstmordversuch als einen »schweren Nervenzusammenbruch, der sie zu einer unbesonnenen Handlung veranlaßte« und dem eine Phase seelischer Erschöpfung und tiefer Depression vorausgegangen war. »Ihr Zustand war so ernst, daß an eine Arbeit nicht mehr zu denken war. Sie mußte sich von der Bühne zurückziehen und auf dringendes Anraten des Arztes eine Nervenklinik aufsuchen.«[14] In ihrem Bühnenalbum steht nach den Eintragungen zum März 1935 nur der handschriftliche Vermerk: *Karlstadt krank* – dies allerdings zweimal rot unterstrichen. Das Gastspiel im Berliner Kabarett der Komiker, ab Dezember 1935, ist hier mit dem Kommentar *zugleich mein 1. Auftreten wieder* versehen.[15]

Aus zwei bislang unveröffentlichten Schreiben Valentins geht hervor, daß Karlstadt im Dezember 1934 bereits wegen Schwermut in ärztlicher Behandlung war, und zwar bei Dr. Leonhard Seif, einem Individualpsychologen der Adler-Schule, zu dem ihr Valentin geraten hatte. Doch muß auch Karlstadt Seif schon länger gekannt haben, denn in ihrem Nachlaß liegt ein beschriftetes Foto: *Bei Dr. Seif in Garmisch, Sept. 1928*. Als Krankheitssymptome sind (Magen-)Schmerzen und unerträgliche Angstzustände genannt, als Diagnose »Depression«. Valentins Aufzeichnungen berichten ferner, daß im Dezember 1934 ein weiterer Arzt, Dr. Oskar Wolfram, Kenntnis von Karlstadts nervösem Leiden erhalten und ihr energisch von jeder weiteren Behandlung bei Dr. Seif abgeraten habe. Wolfram habe ihn – Valentin – zu sich in die Sprechstunde kommen lassen, um ihm zu erklären, wie schlimm es mit Frl. Karlstadt stehe und daß sie in Seifs Behandlung zugrunde gehen werde. Wolfram glaube die Ursache für die Depression zu kennen: Karlstadts Einsamkeit und enge Bindung an Valentin. Den Rat Wolframs, sofort zu pausieren und für 14 Tage nach Bad Kohlgrub zu fahren, habe sowohl er wie auch Frl. Karlstadt für nicht gut gehalten, besonders nicht im Monat Dezember. Wolfram habe dann sofort – noch am Tag von Karlstadts Selbstmordversuch – Valentin die Schuld daran gegeben. Aus Valentins Schreiben geht hervor, daß Karlstadt selbst sich den Argumenten des Klinikleiters Dr. Oswald Bumke anschloß, Seif habe die Schwere der Depression nicht erkannt, außerdem mit seiner Individualpsychologie ihre Leiden verschlimmert statt geheilt.[16]

Liesl Karlstadt ließ sich von April bis Dezember 1935 in der Psychiatrischen Klinik behandeln. Sie unterbrach den Klinikaufenthalt allerdings im September und Oktober für Aufnahmen zu dem Engels-Terra-Film »Kirschen in Nachbars Garten«. Beim Berliner Winterengagement 1935/36 brach sie wieder psychisch zusammen. Ihr behandelnder Arzt aus der Münchner Klinik, Dr. Stephan von der Trenck, holte sie darauf sofort in Berlin ab. Im Februar 1936 stand Karlstadt aber mit Valentin bereits wieder vor der Kamera. Erich Engels drehte die Kurztonfilme »Karierte Weste«, »Beim Nervenarzt« – mit Liesl Karlstadt als Arzt! – und »Beim Rechtsanwalt«. Im März wurde »Das verhängnisvolle Geigensolo« verfilmt, im April »Strassenmusik« und »Die Erbschaft« (Regie: Jakob Geis; der Film wurde wegen »Elendstendenzen« von der Nazizensur verboten), im Juli »Der Bittsteller« und »Musikal. Clowns«. Dazwischen drehte Karlstadt im Mai und Juni 1936 in Budapest für den Film »Mädchenpensionat«. Im Album Nr. 2 klebt ein Zeitungsausschnitt: »[...] Liesl Karlstadt setzt sich auch ohne Valentin durch [...]« – ein Satz, zu dem Valentin handschriftlich anmerkte: »sehr wichtig«.

In »einer wahren Flut von Briefen« habe Karl Valentin ab 1935 versucht, »Liesl Karlstadt regelrecht gesundzureden«, urteilte

Bernhard Setzwein nach der Veröffentlichung der Briefe Valentins an Karlstadt: »Diese Schreiben sind anrührende Zeugnisse für den ›anderen‹ Valentin, der sich mit Aufmunterungen und Ratschlägen, Treueschwüren und Liebesbekundungen um seine ›Lisi‹ kümmert.«[17] Als Beispiel sei hier Valentins zweiter Brief an die erkrankte Gefährtin zitiert:

»München 2. Okt. 1935 [.] Meine liebe liebe Li! Mein Brieflein beginne ich mit dem Marschlied: Halte aus! Halte aus! Halte aus im Sturmgebraus! und wenn Du das tust, wird alles wieder gut. Wie sehr Du mir nicht ans, sondern ins Herz gewachsen bist, wirst Du wohl **nie** erfassen [.] Ohne Dir ist die Welt für mich völlig inhaltlos Du hast für mich schon so viel Geduld aufgebracht warum sollst Du es nicht für Dich selbst können. Alle die Dich lieben und hoch schätzen, sind auf Deiner Seite, und deshalb brauchst Du den Mut für das fernere Leben bestimmt nicht verlieren eine Firma wie Valentin – Karlstadt muß noch lange lange für München erhalten bleiben so Gott will, und ›Er‹ will, das hat er gezeigt. Warum sollst Du nicht wollen??? Und wiederum [:] Halte aus! Halte aus! Halte aus im Sturmgebraus! Dein treuster Kamerad auf der Welt [,] Valentin (Seit 3 Tagen ist das Wetter die alleinige Ursache, daß wir alle so verheerend beisammen sind.[)]«[18]

Es klingt in Valentins Briefen neben dem Wissen um die Gefährdung der Partnerin auch viel Hilflosigkeit durch, Abwehr von Schuldgefühlen und Schuldzuweisungen, sicher ebenso Egoismus (Karl Valentin brauchte seine Partnerin nicht weniger als sie ihn), Egozentrik, zurückgedrängte eigene Zukunftsangst, vielleicht sogar die latente Verzweiflung von einem, der merkte, wie vieles um ihn zusammenbrach. »[...] Ein dreifaches Hoch der alten Firma Valentin – Karlstadt und nieder mit allem nervösen Gesindel, wie Ehrgeiz Eitelkeit – Größenwahn – Zukunftsangst pp«, heißt es in einem Brief aus Berlin nach München im Januar 1936.[19]

Es sind auch einige Briefe und Karten Karlstadts aus dieser Zeit erhalten; sie wurden bisher nicht publiziert. Die mir zugängliche früheste Briefkarte Karlstadts hat dasselbe Datum wie der oben zitierte Valentin-Brief. Ihr Brief richtet sich aber an einen anderen Empfänger:

2. X. 1935 [.] Mein lieber alter guter Gustavo! Mir scheint es, dass Du tua carissima amica vollständig vergessen hast. Wenn das der Fall ist – dann basta. Wenn nicht, dann bringe Dein weiberfeindliches Herz in Schwingungen u. besuche mich im Laufe dieser Woche am besten zwischen 1 – 3 Uhr – oder auch Vor- oder Nachmittags (wenn Du nicht zu sehr mit Proben beschäftigt bist) e parlo con me un poco italiano. Ich wohne Nussbaumstr. 7 u. möchte ein wenig von der Aussenwelt hören. Come sta tu in theatro? Grüss mir Familie Simon recht gut u. sei besonders Du herzlichst gegrüsst von Deiner Kollegin Elisabetta Karlstadt.[20]

In einem weiteren Brief an »Gustav«, geschrieben am 28. Dezember 1935 auf Briefpapier des Hotels Alhambra in Berlin W, Kurfürstendamm, dankt sie für *all die vielen Zeichen von Freundesliebe und wahrem Mitgefühl, die mir soviel Trost gegeben haben.*[21]

Im August 1936 drehten Karlstadt und Valentin in Berlin unter Erich Engels' Regie »Donner, Blitz und Sonnenschein«. »Du bist ganz hervorragend und bist eine Anzengruberfigur 1. Klasse [...]«, schrieb ihr Valentin nach der Pressevorführung.[22] Ein Gastspiel im Kabarett der Komiker schloß sich unmittelbar an (September 1936).

Ich war im Oktober 14 Tage in München – bin aber seit 20. Oktober wieder hier. K. V. will nicht spielen (der faule Hund), infolgedessen habe ich Urlaub gemacht u. Du wirst lachen – den Urlaub verbringe ich hier in Berlin. Es gibt so viel schönes Theater hier – das kannst Du Dir gar nicht vorstellen – ich bekomme immer Karten von Gründgens – ach es ist so schön, ich will gar nicht mehr nach München.[23]

Während ihrer Berlin-Aufenthalte im Herbst 1936 und Januar 1937 schrieb Liesl Karlstadt auch an Valentin. Diese Briefe gehören zu den wenigen persönlichen Dokumenten, die sich aus dieser Zeit erhalten haben. Sie können nun als die Stimme Liesl Karlstadts in die Korrespondenz eingeordnet werden:

(1) Berlin 20. X. 36 [...] 6 Uhr Abends in Berlin gut angekommen. Die Landung über der beleuchteten Stadt war unbeschreiblich schön. Magenweh hat aufgehört. Gruss L. K. Leni Riefenstahl war auch im Flugzeug

(2) 28. X. 36 [.] Lb. Valentin! Danke für Brief – endlich nach 5 Tagen qualvoller Schmerzen geht es allmählich besser. Tägl. Pfefferminz Griesmus – Haferschleim – nichts andres – aber das hilft. [...] Ich will nicht bei Wagner auftreten, sag es dem Lautenbacher – wo anders wenns wär – ja –!

(3) 29. X. 36 [über Kurzfilmprojekt mit der Tobis] *Für mich ist keine Rolle drinnen, nur Männerrollen. [...]*

(4) 7. 11. 1936 [...] Gründgens hat mir schon wieder 2 x Karten gegeben u. nächste Woche bekommst Du ein Bild von ihm u. ich auch. Magen hat wieder 1 Tag wehe getan – aber mit Griesmus gehts gleich wieder vorbei [...]

(5) [undatiert] *[...] Hier ist immer schönes Wetter – ich reite schon ohne Lehrer im Tiergarten spazieren. Das ist herrlich. [...] Gegen Ende November komme ich nach München. Mir gefällt es sehr gut in Berlin, namentlich wenn mir nichts weh tut. Schikke mir auch gleich die Kritiken vom Film* [Donner, Blitz und Sonnenschein], *wenn sie für mich schlecht sind, dann auch, das ist mir egal – denn die Münchner Kritiken sind meistens mau für mich. Darüber bin ich hinweg – Kritiker können mich am Arsch lecken. Und schreibe mir, wie es Dir gesundheitlich geht, das möchte ich wissen. [...] und was wollen wir in der Scala spielen? Ha? Hoffentlich kommt bald ein Film. Für heute viele Grüsse und alles Gute [,] Deine getreue Partnerin Liesl Karlstadt [.] Was macht Bopsi?*

(6) 16. XI. 1936 [...] Soeben Deinen Brief erhalten. Freue mich, dass unser Film so gut ist – ich habe ihn noch nicht gesehen. [...] Mir geht es gut. War zwar wieder 1 Tag krank – habe gemeint, ich krieg Blinddarm oder Bauchfellentzündung solche Schmerzen, wollte beinahe ins Krankenhaus gehen – aber nun ist alles wieder vorbei –. Ich schlafe täglich Mittag 2 Stunden, abends zwischen 5 – 7 wieder 2 Stunden u. von 11 Uhr nachts bis 9 Uhr früh ununterbrochen (alles ohne Schlafmittel). Das ist doch fein.

Angst habe ich gar nicht mehr – vor gar nichts – mag kommen, was da wolle – man muss alles mitmachen. In 3 Tagen bekommst Du Gründgens Bild. Habe viel schönes Theater gesehen. Und bei Carow war ich – (Sailer Alois Nr. 2) – habe nicht einmal geschmunzelt – entsetzlich wars!!! Ich habe mich auch gar nicht bemerkbar gemacht – es war so voll zum bersten (40 Pf. Eintritt – nur Kraft durch Freude). Nie wieder – [...]

(7) 11. I. 1937 [.] Lieber Valentin – wie geht es Dir – bist Du gesund. Mir geht es mit dem Magen sehr gut – aber die Stimmung ist nicht besonders – bin irgendwie sehr bedrückt u. traurig – werde auch bald wieder nachhause fahren. Habe auch hier nicht die ausgleichende Ruhe gefunden, aber es wird schon wieder werden. War schon 2 x beim reiten – aber ist es sehr kalt, da ist auch dieses Vergnügen nicht sehr schön. [...] Alle vom Stephanie lassen Dich schön grüssen; das Hotel ist verkauft, kommt am 15. Jan. der neue Besitzer. Ich glaube, mir geht das Arbeiten ab – ich wäre so froh, wenn wir bald einen Film hätten. Hoffe, dass es Dir gut geht u. auf baldiges Wiedersehen herzlichst L.K.[24]

Von 1937 bis zur seiner Schließung im Januar 1939 gastierten Karl Valentin und Liesl Karlstadt kontinuierlich im Kabarett Benz. Ihre neue Szene »Der Umzug« wurde im Mai 1938 im Deutschen Theater uraufgeführt. Ab August 1937, beginnend mit »Die Zitherstunde«, entstanden die Serien von Schallplattenaufnahmen der Valentin-Karlstadt-Stücke, die im Dezember 1941 mit »Klarinettenunterricht« abgeschlossen wurden.[25]

Liesl Karlstadts Bühnenalbum verzeichnet außerdem Gastspiele im Gärtnerplatztheater (z.B. in »Der goldene Pierrot«, Uraufführung 27. Februar 1938), die Mitwirkung bei mehreren Rundfunkaufführungen (z.B. in »Die Fledermaus«, 25. Februar 1938), Filmaufnahmen (z.B. März 1939, in »Fasching«) und im Mai 1939 auch wieder eine Uraufführung im Volkstheater: »Glück im Spiel – Glück in der Liebe« (Fritz Gottwald). Im Monat zuvor war sie während des Gastspiels mit Valentin im Augsburger Apollo-Theater jedoch erkrankt und hatte ihren Auftritt abbrechen müssen. Auch im Juni 1939 lag Liesl Karlstadt in Augsburg im Krankenhaus. Karl Valentin eröffnete am 17. Juli 1939 seine

Ritterspelunke mit einer neuen jungen Partnerin, Annemarie Fischer.[26]

Noch zweimal, im August und November 1940, traten Liesl Karlstadt und Karl Valentin im Deutschen Theater zusammen auf; dann waren sie sieben Jahre lang nicht mehr gemeinsam auf der Bühne zu sehen. Bis 1947 arbeiteten sie nur noch sporadisch zusammen, vermutlich im Hörfunk,[27] sicher für Plattenaufnahmen und Filme (z.B. »Münchner Humor«, Mai 1941; Werbefilm »Eisernes Sparen«, Juni 1942).

Anläßlich von Liesl Karlstadts erfolgreichem Gastspiel in der »Münchner G'schicht'n« benannten Revue von Theo Prosel, die Adolf Gondrell 1940/41 in seiner Kleinkunstbühne Bonbonniere herausbrachte, gratulierte Valentin mit einem Gedicht »Zur Prämiere«.[28] Er selbst hatte die Ritterspelunke inzwischen gekündigt und sich nach einem Gastspiel im Deutschen Theater (November 1940) mit seiner Familie in sein Haus in Planegg zurückgezogen.

Theo Riegler schildert ausführlich, wie Liesl Karlstadt nach dem Bonbonniere-Gastspiel in Ehrwald in Tirol eigentlich nur acht Tage Erholung suchte und dabei als Mulipflegerin auf der Ehrwalder Alm ihr Refugium für die nächsten zwei Jahre entdeckte.[29] Liesl Karlstadt war eine leidenschaftliche Bergsteigerin, verbrachte seit 1920 viel Freizeit in den Bergen und war auch Mitglied des Alpenvereins. Unter den Gebirgsjägern, die mit zwei Mulis auf der Alm stationiert waren, erfand sich die Tier- und Naturfreundin 1941 eine neue Hosenrolle: als »Stabsgefreiter Gustav« bezog sie das einzige Offizierzimmer der Diensthütte, betreute die Mulis und inszenierte in burschikoser und herzlicher Manier ein bißchen bayrische Hüttenabend-Stimmung für die jungen Männer, in deren Gesellschaft sie sich so wohl fühlte.

Dazwischen spielte Liesl Karlstadt freilich immer wieder in München, so im Volkstheater erfolgreich in Carl Borro Schwerlas »Graf Schorschi« (April bis August 1941; Gastspiele und Tournee 1942 bis 43), in Ludwig Thomas »Die Dachserin« (Juli 1941), bei Bunten Abenden (Januar bis März 1943) und in »Die drei

Jungfrauen von Orleans« (Januar 1944 bis zur Bombenzerstörung des Volkstheaters am 13. Juli 1944). Im Mai 1943 trat sie »in ihren Originalszenen« im Deutschen Theater im Kolosseum auf. Die Bühnenalben (Nr. 3 und 4) enthalten auch Kritiken und Programme von Filmen, bei denen sie während des Kriegs ziemlich wahllos mitwirkte: »Alarmstufe V« (Aufnahmen Juni 1941), »Peterle« (Prag, Oktober 1942), »Die Reise in die Vergangenheit« (Prag, Januar 1943), »Man rede mir nicht von Liebe« (Februar 1943), »Das Konzert« (Berlin, November 1943).

Sofort nach Kriegsende spielte Liesl Karlstadt wieder im Volkstheater, in erprobten Rollen, denn zum »Neuanfang« des Volkstheaters wurden die alten Stücke aus der Zeit vor 1933 wieder ins Repertoire geholt: »Sturm im Wasserglas« (Eröffnungs-Vorstellung 20. November 1945) und »Das schwedische Zündholz« (ab Februar 1946).

Am 6. September 1947 trat Liesl Karlstadt »anläßlich einer geschlossenen Gesellschaftsveranstaltung in Pasing« zum erstenmal wieder mit Karl Valentin auf.[30] Vom 11. bis 15. Dezember 1947 gastierten beide im Bunten Würfel, vom 1. bis 12. Januar 1948 im Simpl, vom 22. bis 31. Januar dann wieder im Bunten Würfel. Unter drei Fotografien, die Liesl Karlstadt in der Maske des mittlerweile realistisch ergrauten Kapellmeisters und Karl Valentin als hohlwangigen Bombardonspieler mit Goggs und Mann an der großen Trommel zeigen, hat Liesl Karlstadt geschrieben: *31. Januar letztes Auftreten Karl Valentins*. Am 9. Februar 1948 starb Karl Valentin in Planegg.

1 Vgl. Valentin und Karlstadt: Sie weiss etwas. In: Valentin SW Bd. 8: Filme, S. 39 – 47. Zitate S. 41, 46.
2 Ebd. S. 44.
3 Valentin SW Bd. 8: Filme, S. 459.
4 Nach Gronenborn, ebd. S. 457, der aber später auch eine »genetisch [?] frühere Fassung des Textes« als Vorlage annimmt, ebd. S. 459.
5 Daten nach: (1) Liesl Karlstadt: Verzeichnis von Filmen in denen ich bis heute mitwirkte. Handschriftliche Liste (bis 1936), 2 S. In: Nachlaß L. K., Monacensia; (2) Angaben in L. K. Album Nr. 2; (3) Valentin: Auftrittsverzeichnis, Typoskript S. 32 – 34.
6 Material zum Panoptikum bei Münz: Geschriebenes von und an Karl Valentin, S. 183 – 204; ferner drei Beiträge von Michael C. Glasmeier: Das Panoptikum der Künste; Die Geschichte des Valentin-Panoptikums; Rekonstruktion eines Katalogs des Valentin Panoptikums. In: Katalog Ausstellung Stadtmuseum 1982, S. 104 – 150.
7 Riegler: Karlstadt Buch, S. 60. Rieglers Schilderung des Panoptikums gibt vermutlich Karlstadts Perspektive wieder; hier auch die Episode über den makabren Scherz, den sich Valentin und Rankl mit Karlstadt bei ihrer ersten Besichtigung des Panoptikums erlaubten: beim »lebenden Bild« des Femegerichts habe Rankl im Kostüm des Femerichters zwischen den Wachsfiguren gesessen und vor den entsetzten Augen Liesl Karlstadts »mit einer langsamen, marionettenhaften Bewegung« Arm und Kopf gehoben. Was er dreimal wiederholte, während Valentin so tat, als sehe er keine Bewegungen. »Liesl Karlstadt glaubte jetzt ernsthaft, sie habe den Verstand verloren und sehe Gespenster. Mit dem Aufschrei ›Der rührt si! Der rührt si!‹ rannte sie weg [...]«. Vgl. Riegler: Karlstadt Buch, S. 60 – 64.
8 Karl Valentin: An die Polizeidirektion Abtlg. Vergnügungsgewerbe München. 17. März 1934. Betrifft: Konzession für ein Panoptikum. In Münz: Geschriebenes von und an Karl Valentin, S. 187.
9 Schulte: Valentin, S. 160 – 161.
10 Panoptikum-Werbung. Zit. nach Glasmeier: Die Geschichte des Valentin-Panoptikums. In: Katalog Ausstellung Stadtmuseum 1982, S. 118.
11 Trotz Mißerfolgs versuchte Valentin zwei Jahre später eine Art »Neufassung« des Panoptikums zu installieren und eröffnete am 18. Juni 1937 im Färbergraben 33 seinen Lachkeller. 1939 erweiterte Valentin sein Programm, indem er dem Panoptikum einen Spielort für seine Stücke hinzufügte. Aus dem Panoptikum wurde die Ritterspelunke, »eine Verbindung von Panoptikum, Kellerkneipe und Kabarett«. Vgl. Münz: Geschriebenes von und an Karl Valentin, S. 217 – 222.

12 Vgl. Staatsarchiv München, Polizeidirektion München 7938, 1935, Nr. 83. Ferner: Karl Valentin: Wahre Begebenheit. Handschriftlich unterzeichnetes Typoskript, 2 S. masch. In: Nachlaß L. K., Valentin-Musäum.
13 Irrtümer und unbestätigte Angaben z. B. bei Gisela Freilinger-Valentin: Karl Valentins Pechmarie. Eine Tochter erinnert sich. Pfaffenhofen: Ludwig Verlag 1988, S. 74 - 75.
14 Vgl. Riegler: Karlstadt Buch, S. 64 – 65.
15 Vgl. L. K. Album Nr. 2
16 Vgl. Valentin: Wahre Begebenheit (Typoskript); und Karl Valentin: Brief an Dr. Seif, 30. Juli 1935. Nicht unterzeichnetes Typoskript, 2 S. masch. In: Nachlaß L. K., Valentin-Musäum.
17 Bernhard Setzwein: »Meine heißgeliebte kleine Lisi!« Vor 100 Jahren wurde Liesl Karlstadt geboren. In: Unser Bayern. Heimatbeilage der Bayer. Staatszeitung. Nr. 12, Dezember 1992, S. 93 – 96. Zit. S. 95.
18 In: Valentin SW Bd. 6: Briefe, S. 72 – 73.
19 Vgl. Karl Valentin: Brief an Liesl Karlstadt, (vermutlich:) 11. Januar 1936. In: Valentin SW Bd. 6: Briefe, S. 76 – 78.
20 Handschriftliche Briefkarte. In: Nachlaß L. K., Valentin-Musäum. Empfänger bisher nicht ermittelt.
21 Brief mit handschriftl. Zusätzen. In: Nachlaß L. K., Valentin-Musäum.
22 Karl Valentin: Brief an Liesl Karlstadt, 26. Oktober 1936. In: Valentin SW Bd. 6: Briefe, S. 93 – 95. Zit. S. 94.
23 Liesl Karlstadt: Brief an »Gustav«, 21. November 1936. Kopfbogen: Hotel »Stephanie«, Berlin W, Kurfürstendamm. In: Nachlaß L. K., Valentin-Musäum.
24 Zitate aus unveröffentlichten Briefen Liesl Karlstadts an Karl Valentin, Absendeort: Berlin; darunter Briefkarten: (1), (2), (4), Briefe mit Kopfbogen »Hotel ›Stephanie‹«: (3), (5), (6), (7). Alle Briefe in Nachlaß L. K., Valentin-Musäum.
25 Vgl. Berswordt: Discographie, S. 307 – 309.
26 Vgl. die offensichtlich rivalisierende Darstellung der »Konkurrentin« Anne-Marie Fischer-Grubinger: Mein Leben mit Karl Valentin. Rastatt: Moewig Taschenbuch 1982, S. 114 – 204.
27 Vgl. Liesl Karlstadt und Karl Valentin: Warum, weshalb, wieso? Zwischenansagen. Kopfzeile: »Dienstag, den 7. Juli 1942 / 17'15 bis 18'30 Uhr.« Typoskript. In: Valentin-Musäum. Es handelt sich offensichtlich um ein Hörfunkmanuskript.
28 In: Valentin SW Bd. 6: Briefe, S. 158.
29 Vgl. Riegler: Karlstadt Buch, S. 83 – 108.
30 Vgl. L. K. Album Nr. 4. Gemeinsame Hörfunkaufnahmen bei Radio München ab Herbst 1946. Vgl. Berswordt: Discographie, S. 309 – 310.

Atelieraufnahme in Berlin-Dahlem, um 1936

Im September 1928 bei Dr. Seif in Garmisch

München, den I.Dez. I940

An Lieeeeeeesl Karlstadt !

Zur Prämiere.

Deutsche Blumen sende ich
In die Bonbonäre,
Denn wie Du ja selber weisst
Hast Du heut' Premiäre.
Und als Partner muss ich Dich
Pflichtgemäss glückwünschen
und Du wirst Dich wie ich weiss
Sehr darüber freuen (sprich des Reimes wegen) küntschen.
Gestern hast Du noch gemimt
In 'nem Riesenhause (Deutsches Theater)
Heute mimst bei Gondrell Du
In der kleinsten Klause.
Dafür hast Du wie Du sprachst
Grosse Riesenrollen
Die bereiten Dir, ich weiss
Grosse Riesenbollen;
Denn Dein neuer Chef der brüllt
Ueber einen Löwen
Lauter noch, wie Johann"Gruss"
Kann's denn sowas göwen ???
Brüllt er Dir einmal zu viel
Brüllt er ohne Rasten,
Pachten wir zwei eines Tag's
Ab, den kleinen Kasten (Bonbonniere)
Und dann engagier'n wir"ihn"
Und dann bei der Probe
Schreist Du ihn genau so an
Fertig ist die Lobe. (Laube).

dein Partner
Karl Valentin

Valentins Gedicht zu Karlstadts Gastspiel in Gondrells Bonbonniere

Gschenkt krieg i a nix!

[...] auf der Bühne, da hab ich halt die Schneid, aber nachher is alles wieder vorbei, und i muß mich ehrlich plagen! Gschenkt krieg i a nix![1]

Es ist schwirig, aus heutiger Sicht die Situation Liesl Karlstadts in den ersten Jahren nach Kriegsende angemessen zu beurteilen. Folgt man Rieglers Darstellung, dann war Karlstadt nach Valentins Tod tief bedrückt und zugleich in Sorge über ihre berufliche Zukunft. Sie muß große Angst vor Armut gehabt und dabei befürchtet haben, als Partnerin Valentins so festgelegt zu sein, daß man ihr andere Aufgaben nicht mehr zutraute. »Zum Glück bekam sie bald Anschluß an Münchner Bühnen und auch an den Rundfunk, wo sie ab und zu beschäftigt wurde, aber diese Einzelgastspiele boten keine ausreichende Gewähr für eine gesicherte Zukunft.«[2] Karlstadts Bühnenalben scheinen den Eindruck Ria Endres' zu bestätigen: »In panischer Angst, allein kein Engagement mehr zu bekommen, nimmt sie alle Rollen an, die ihr angeboten werden.«[3]

16. Juni 1948. [...] ich stehe mitten in den Proben zu dem neuen Stück o.k. Mama im Volkstheater. Gesundheitlich gehts nur langsam vorwärts [...] Vertrag habe ich bis Ende September [...] hier ist alles in grösster Aufregung wegen der Währungsreform – auch ich. [...] Mein Gastspiel in der Kl. Komödie [Jean Anouilh: »Rendezvous um Mitternacht«] *ging am 20. Mai zu Ende. [...] Haben Sie Sturm im Wasserglas am Radio gehört am 26. Mai? Die Aufnahmen werden jetzt immer Nachts im Funk gemacht u. dauern bis 4 Uhr früh. [...] Mit Michl Lang vom Rundfunk spielte ich einen Sketsch in den Deutschen Theatergaststätten: betitelt: Am Wirtschaftsamt. Ich spielte eine Kramerin, er einen Kramer u. Rudolf Vogel den Beamten. Text von Michl Lang. Hat sehr gut gefallen, da er sehr aktuell ist. [...]*[4]

6. Sept. 1948. [...] *Am Samstag Veranstaltung in der Hirschau [...] Morgen habe ich eine Umbesetzungsprobe für o. k. Mama.*⁵

Ab November 1948 spielte Liesl Karlstadt außerdem wieder in der Kleinen Komödie, in Hermann Bahrs »Das Konzert«. Anfang 1949 mußte sie beide Rollen wegen einer Lungenentzündung abgeben. Nach ihrer Genesung, von April bis Juni 1949, stand sie wieder auf der Volkstheaterbühne und erhielt als Waschfrau Weigl in »Filmstar gesucht« (Jochen Huth) gute Kritiken: »Hier kann Liesl Karlstadt die ganze Skala ihrer Kunst zeigen, vom gemütlich Derben bis zur ernsten Noblesse der mütterlichen Seele. Niemals ein falscher Ton. Immer liegt das Herz offen.«⁶ Eine wirkliche künstlerische Herausforderung bedeutete 1950 die Balbina in Marieluise Fleißers Komödie »Der starke Stamm« an den Kammerspielen (4. Dezember 1950 bis März 1951). Nach den Rollen der Frau Vogl in »Sturm im Wasserglas« (1930) und der Wirtschafterin Johanna in »Das schwedische Zündholz« (1933) war die Balbina die letzte der insgesamt drei Rollen, die Liesl Karlstadt von Therese Giehse übernommen hat. Nur eine Kritik klebt im Bühnenalbum: »Es war nicht leicht, die von Therese Giehse scharf gemeißelte Figur durch eine etwas leichtere, im Volksstückton gespielte Darstellung zu ersetzen. Aber es gelang Liesl Karlstadt eine eigene Note zu finden.«⁷

Auf einer halben Seite notierte sich Liesl Karlstadt anläßlich eines Fernsehgesprächs, das der Regisseur und Schauspieler Hans Reinhard Müller am 3. Januar 1959 mit ihr führte, in Stichpunkten diejenigen Bühnenauftritte seit 1948, die sie selbst für wichtig hielt:

Kleine Komödie: *Rendezvous um Mitternacht* [1948], *Das Konzert* [1948; 1956], *Arsen und Spitzenhäubchen* [1949], *Der erste Frühlingstag* [1951]

Volkstheater: *o. K. Mama* [1948], *Der goldne Kranz* [Filmstar gesucht, 1949]

Schauspielhaus [Kammerspiele]: *Starker Stamm* [1950/51], *Frauen in Newyork* [1950/51], *Feuerwerk* [1952]

Gärtnertheater: *Abschiedswalzer* [1954]

Staatstheater [Residenztheater]: *Das Konzert* [1953], *3 Thoma*

Einakter [Die kleinen Verwandten, Gelähmte Schwingen, Die Medaille, 1957], *Witwen* [1958] *[...]*
800 Jahr Volkstheater, Matheis bricht's Eis [1958][8]

Über den Rang Liesl Karlstadts als Volksschauspielerin waren sich die Theaterkritiker bald einig, wirklich populär machten sie aber erst ihre Rundfunkserien: die »Brummlgschichten« von Kurt Wilhelm und Olf Fischer mit Michl Lang als Partner, und die Sendung »Meisterhausfrau – Haushaltslehrling« aus der dann die »Familie Brandl« wurde, von Ernestine Koch und Emmi Heilmaier.

Wie Liesl Karlstadts zweifellos vorhandene Hörfunkeignung dem vermufften Zeitgeist der Fünfziger Jahre angepaßt wurde, läßt sich im Jargon dieser Zeit exemplarisch bei Theo Riegler nachlesen: »Ihre besondere Eignung für den Rundfunk war unverkennbar: Sie besaß eine angenehme Mikrophonstimme, die sich dem Ohr des Hörers einprägte, und ihre Art zu reden, war natürlich und ungekünstelt [...] Dazu kam, daß sie einen besonderen Ton hatte, der das Geheimnis ihrer akustischen Wirkung war: Es war jener spezielle Volkston, der alles glaubhaft ausdrücken konnte, was die kleinen Leute beglückt oder verärgert. Sie hatte etwas Anheimelndes und Biederes in ihrer Sprechweise, als höre man eine längst vertraute Stimme, von der man bloß nicht weiß, wo man sie zum erstenmal vernommen hat.«[9]

Damals waren auch Gastspielreisen »beliebter Funkhumoristen« üblich, die »Zehn Kanonen des Lachens«, »Weißblaue Drehorgel«, »Münchner Lachparade« oder auch »Münchner Brettl« hießen. Liesl Karlstadt war Jahr für Jahr dabei. Sie war der Publikumsliebling, der vom Publikum stürmisch gefeiert oder auch, wenn sie einmal nicht dabei war, schmerzlich vermißt wurde. So berichtet Riegler: »Auf den gemeinsamen Gastspielreisen hatte ich als Conférencier öfter Gelegenheit, mich von ihrer sagenhaften Beliebtheit zu überzeugen. Die Leute, die vom Rundfunk her ihre Stimme kannten, brannten darauf, sie leibhaftig zu sehen. Wenn wir mit einem Ensemble prominenter Funkhumoristen auf Tournee gingen, war die erste Frage des Publikums, ob denn auch wirklich die Liesl Karlstadt dabei wäre.

War dies der Fall, dann verklärten sich die Mienen, und die Stimmung war besonders erwartungsvoll. Sooft ich die ›Frau Brumml‹ dem Publikum vorstellte […], immer ergab sich die gleiche Situation: Beim Namen Liesl Karlstadt erhob sich ein stürmischer Applaus, der von Herzen kam. Wenn sie dann in ihrer bescheidenen und sympathischen Art die Bühne betrat, als könnte sie ihre Beliebtheit nicht verstehen, steigerte sich der Beifall zu einer Ovation.«[10]

Mehr noch als ihre Bühnenrollen veränderten die Radioserien ihr Image. Aus der multifunktionalen Mit-Spielerin wurde ein Charakter, der ihr auch vom Lebensalter her gut stand. Sie verkörperte nun den Typus einer kompetenten und liebenswürdigen Hausfrau und Mutter aus dem kleinbürgerlichen Milieu, nach der resoluten und dabei doch ein wenig komischen Frau Brumml mit noch größerem Erfolg die solide Frau Brandl.

Trotz der beruflichen Auslastung im Funk und ab 1954 auch im Fernsehen nahm Liesl Karlstadt weiterhin kleinere Filmrollen und Werbeaufträge an.

1. Fernsehsendung 6. November 1954 [nämlich in Kurt Wilhelms Fernsehspiel »Vater Seidl und sein Sohn«]
Letzte Filme [1958]: *Nichts als die Wahrheit, Wir Wunderkinder, Meine 99 Bräute*[11]

In einer sich erst allmählich entwickelnden massenmedialen Öffentlichkeit kam es immer wieder zu kuriosen Verwechslungen von Rolle und Person. So wurde Liesl Karlstadt des öfteren auf der Straße als »Frau Brandl« angesprochen. Andererseits ist auch bei den Darstellern, die sich sogar privat mit den Namen aus der Serie anredeten,[12] eine solche Identifikation denkbar. Fotografien Karlstadts aus den Fünfziger Jahren, die sie am Herd mit Schürze, als stolze Hausfrau vor dem meistens geöffneten Wäsche- oder einem bemalten Bauernschrank zeigen, deuten darauf hin. In entsprechenden Presseberichten wurde das neue Image weiter vertieft. Da mußte Liesl Karlstadt für ihr Publikum immer wieder »schmackhafte Salate« – oft Waldorf-Salat – zubereiten, war für »Hausmannskost«, die sie angeblich selbst am liebsten aß, zuständig, und wurde nach Lieblingsspeisen, ihrer

Meinung zur Tracht oder ihrer Feierabendgestaltung gefragt. Leser der Süddeutschen Zeitung erfuhren beispielsweise, daß Liesl Karlstadt »in ihren Mußestunden« gerne umräumt: »Sie hat einen alten Bauernschrank, der mit Schleifen, Miedergeschnüren und Riegelhauben gefüllt ist, mit denen sie sich stundenlang beschäftigen kann. In der Weihnachtszeit ›lichtelt‹ sie mit Wachsstöcken und dem Adventskranz und träumt halt so vor sich hin«.[13] Sie war in dieser Funktion selbstverständliches und vielzitiertes Mitglied der Münchner Lokalprominenz.

Mei, i bin do kei so Mondäne, so a Monroe oder Genalolo Brigida, was Ihr alleweil mecht's! Für die meisten bin i halt die Mutter Brandl. Wie jetz' die Gisela geheiratet hat (in der Sendung, versteht sich), da hab' i so liabe Kart'n kriagt, zum Beispiel von der Renate aus Niederbayern, die hätt' glei bei mir als Haustochter eintret'n woll'n. Aber leider, im Haushalt kann ich keiner was lernen, ich bin ja viel zu häufig auswärts. – Übrigens, was habt's denn Ihr vorgestern für ein Bild von mir gebracht? Dees war greislich! [...] Die Sache war nämlich so: In einer Drehpause in »Familie Trapp«, wo ich die Novizenmeisterin Raphaela spiele, hat mi mei Nas'n gjuckt und da bin i mit der Hand hingfahrn, das wird man ja noch tun dürfen. Ich war im Benediktinerornat [...] und macht doch nicht gleich der Standphotograph Filipp einen Schnappschuß! Ich denk' mir nix weiter, und am nächsten Tag seh ich das Bild in der Abendzeitung – verheerend![14]

Die überschwenglichen Reaktionen auf ihren 65. Geburtstag am 12. Dezember 1957 zeigten erneut, wie prominent sie war. Rund 1200 Glückwunschschreiben gingen ein. Und die Überschriften der Zeitungsartikel zu ihrem Geburtstag, die sie fein säuberlich in ihr Album geklebt hat, rekapitulierten so ziemlich alle Klischees, die zu ihren Lebzeiten über sie geschrieben wurden: »Komik mit doppeltem Boden«, »Ein goldnes Herz im Windmühlenkrieg«, »Fröhliche Schwester des traurigen Ritters«, »Eine mollige Schwester des traurigen Ritters«, »Soubretten müssen mollert sein«, »Für eine Soubrette zu mager«, »Zu mager«, »Liesl Karlstadt. Ein Aschenbrödel macht Karriere«, »Liesl Karlstadts un-sinnige Denkspiralen«, »Die Hälfte von Karl Valentin«, »Ein Künstlerleben mit Karl Valentin«, »Karl Valentins Partnerin«, »Ihr Schicksal war Karl Valentin«, »Ein echtes Münchner Kind«, »Münchner Kind mit Geist und Humor«, »Münchnerin nach Maß«, »Immergrünes Münchner G'wachs«, »Weiß-blaues Blut«, »Sie behauptet, schon 65 Jahre alt zu sein«, »Liesl wird älter«, »Liesl kapitulierte vor einem Schloß«, »Liesl lebt für Münchens Humor«, »Die Liesl und der Starnberger See«, »Gratulier'n ma der Liesl Karlstadt«.

Aus Anlaß ihres 65. Geburtstags nach ihren Wünschen befragt, erklärte sie selbst: *Erstens, daß es wieder ein Volkstheater gäb, zweitens reich sein und allen Armen helfen, und drittens als städtische Verkehrsreferentin alle Autos abschaffen, weil dann für die Fußgänger wieder Platz wär.*[15]

Für das Jahr 1960 dokumentiert ihr Album Nr. 5 zunächst die alljährlichen Faschingsveranstaltungen im Deutschen Theater (30. Januar, 12. Februar), die »Vorstadt-Hochzeit« im Hackerkeller (26. Februar), ferner öffentliche Rundfunkaufnahmen für das »Münchner Brettl« (5. Januar, 6. April) und das »Bayerische Karussel« (16. Januar) sowie diverse »Münchner Lachparaden« im Deutschen Museum. Mit Michl Lang spielte sie in einem zur Bürgermeister-Wahlwerbung für die SPD umgeschriebenen Volksstück, das dem aktuellen Anlaß gemäß »Münchner Brautschau« hieß (27. März). Die letzten Filme waren »Schick deine Frau nicht nach Italien« (Regie: Hans Grimm) und die krachledern verfilmte Thoma-Komödie »Die Medaille« unter dem Titel »O, diese Bayern« (Regie: Arnulf Schröder). Dazu kam am Jahresanfang die Fernsehproduktion einer anderen Komödie von Ludwig Thoma: Liesl Karlstadt spielte unter der Regie des von ihr sehr geschätzten Hans Reinhard Müller die Anna Rehbein in »Die Lokalbahn« (Sendetermin: 25. Februar 1960). Am 28. April wirkte sie beim Begrüßungsabend des »Bayerischen Zahnärztetags« mit, am 27. April feierte sie »30 Jahre Tukankreis«, im Mai hatte sie einen Auftritt beim Richtfest im Hauptbahnhof München und weihte den Gustl Waldau-Gedenkstein ein. Zeitungsleser erfuhren, daß Fußwanderungen »von sechs bis acht Stunden mit dem Rucksack auf dem Rücken, weitab von jeglichem Verkehrsgetriebe,« noch immer zu Liesl Karlstadts Wochenendprogramm gehörten, wenn sie sich auch nicht mehr wie früher zu gewagten Klettertouren imstande fühle.[16]

Am 1. Juli stand sie noch einmal mit Michl Lang auf der Komödienstadel-Bühne: im Kleinen Kongreßsaal im Ausstellungspark wurde das ins Bayerische übertragene Stück »Wenn der Hahn kräht« (August Hinrichs) für den Funk aufgenommen (Sendung: 24. September 1960). Am 5. Juli beglückwünschte sie als »schöne Münchnerin« Gustl Feldmeier zum 60. Geburtstag, am 9. Juli spielte sie bei der Werkseinweihung Faulbach für das Miltenberger Industriewerk Gebrüder Weber, am 22. Juli laut eingeklebten Programm beim Sommernachtsfest der Manzinger Papierwarenfabrik in München-Pasing. Für September war unter dem Arbeitstitel »Der Alltag beginnt wieder« eine neue Folge der »Familie Brandl« geplant. Vorher fuhr sie freilich mit ihrer Schwester Amalie Wellano in den Urlaub nach Garmisch-Partenkirchen, ins Hotel Leiner. Der 16. Juli wurde von ihrer Schwester als Urlaubsbeginn notiert.[17] Am Dienstag, den 26. Juli 1960, machte Liesl Karlstadt einen Ausflug ins benachbarte Ehrwald in Tirol. Hier besuchte sie auch den Komponisten Magnus Henning, der in dem – wie seinerzeit das Kabarett – »Pfeffermühle« genannten Häuschen Erika Manns in Ehrwald lebte. An die befreundete Erika Mann schrieb Liesl Karlstadt eine Karte, die laut Poststempel am 27. Juli 1960 in Ehrwald abgeschickt wurde[18]:

*26. VII. 60. Liebe Frau Erika! Nun habe ich endlich Ihr Häuschen von innen gesehen u. bin **mehr** als begeistert. Ich gratuliere. Den oberen Platz kann ich mir auch schon gut vorstellen u. ich bin überzeugt, dass Magnus auch das **richtig** hinkriegen wird u. wir alle uns öfters zwecks Gaudi mit Ihnen treffen. Zu schade, dass ich Sie jetzt nicht hier angetroffen, ich hoffe aber auf bald und bleibe mit herzlichen Grüssen Ihre Liesl Karlstadt.*

Am 27. Juli 1960 starb Liesl Karlstadt in Garmisch.

Ihr Brunnen steht am Viktualienmarkt und kann tagtäglich besichtigt werden.

1 Slawik: Sorgen am Krankenbett. Die Sonntagspost bei Liesl Karlstadt. In: Süddeutsche Sonntagspost Nr. 4, München, 12. Februar 1949, S. 11. Zeitungsausschnitt in L. K. Album Nr. 8.
2 Riegler: Karlstadt Buch, S. 123
3 Ria Endres: Abwege ins Leben. Eine Verwandlungskünstlerin: Liesl Karlstadt. In: Die Zeit. 18. Juli 1980, S. 33 – 34.
4 Liesl Karlstadt: Brief an Josef Rankl, 6. Juni 1948. In: Nachlaß L. K., Valentin-Musäum.
5 Liesl Karlstadt: Brief an Josef Rankl und Frau, 6. September 1948. In: Nachlaß L. K., Valentin-Musäum.
6 Zit. nach Riegler: Karlstadt Buch, S. 129.
7 jo: Lisl Karlstadt als Balbina. In: Südpost, 6. Dezember 1950. Zeitungsausschnitt in L. K. Album Nr. 4.
8 Liesl Karlstadt: Handschriftliche Notizen. Fernseh 3. I. 59 / H. R. Müller. 1 Blatt. In: Nachlaß L. K., Monacensia. (Hervorhebungen im Original, Satzzeichen und Daten eingefügt)
9 Riegler: Karlstadt Buch, S. 134.
10 Riegler: Karlstadt Buch, S. 136.
11 Karlstadt: Notizen. Fernseh 3. I. 59 / H. R. Müller.
12 »Besonders herzlich war ihre Beziehung zu ihrem Funksohn Ferdl, der auch im privaten Leben zu Liesl Karlstadt Mama sagte, weil er in ihr eine Art Vizemutter sah. [...] Willi Purucker, der als Schriftsteller und Regisseur bekannt wurde, war bei seiner ersten Brandl-Sendung erst 27 Jahre alt. Schon vorher hatte er mit Liesl Karlstadt Hörspiele und andere Sendungen inszeniert. Was beide eng miteinander verband, war eine tiefe Abneigung gegen das gescherte und krachlederne Bayerntum, wie es in gewissen Heimatfilmen immer wieder demonstriert wird. Aus dieser gemeinsamen Ablehnung entwickelte sich eine Art geistige Kameradschaft, die bis zur letzten Aufnahme ungetrübt blieb.« Vgl. Riegler: Karlstadt Buch, S. 148.
13 Kleine SZ-Umfrage: Was tun Sie am Abend? Undat. Zeitungsausschnitt [1954] in L. K. Album Nr. 4.
14 Beitrag von Liesl Karlstadt für die Abendzeitung. Zit. nach Riegler: Karlstadt Buch, S. 150.
15 Zit. nach Riegler: Karlstadt Buch, S. 157.
16 Undat. Zeitungsausschnitt [1960] in L. K. Album Nr. 5.
17 In einem privaten Foto- und Ansichtskartenalbum, Nachlaß L. K., Monacensia.
18 Nachlaß Erika Mann, Monacensia.

In der Garderobe

Eines der letzten Fotos von Liesl Karlstadt

Mei, heid is's zünfti

Viel Fug und Unfug ist zu Lebzeiten Liesl Karlstadts und Karl Valentins geschrieben worden und erst recht danach. So hat das Ansinnen, ausgerechnet dem Improvisations-Genie aus der Au mit der Elle einer (angeblich) historisch-kritischen Gesamtausgabe auf den dürren Leib rücken zu wollen, bizarre Ergebnisse gezeitigt. Die Unfähigkeit, Valentins und eben auch Liesl Karlstadts Sprache, ihren Dialekt, ihre Dialektik und Denkfiguren, also ihren vordergründigen wie hinterkünftigen Witz auch nur zu begreifen, ignoriert zudem weitgehend das, worauf die beiden Münchner Komiker ihr Leben lang ganz besonders stolz waren: ihre Verbundenheit mit der Heimatstadt.

Es bedarf dazu wahrlich keiner neuen Nachweise, gerade nicht im Fall der Liesl Karlstadt. Denn aus fast jeder ihrer verbürgten Äußerungen, aus den Dokumenten, aus der Folklore um sie herum spricht jenes produktive, gebende und nehmende Wechselverhältnis der einheimischen Künstlerin zu ihrem Publikum, ohne das auswärtige Erfolge nicht denkbar sind. Und, um gleich eine der vielen Legenden zu korrigieren: erfolgreich waren Valentin und Karlstadt schon lange in München, auch dank Brecht, und in Wien, dank Alfred Polgar, bevor sie von den Berliner Boulevardisten bejubelt wurden. Der Wiener Anton Kuh war einer der ersten, die Liesl Karlstadt mehr zubilligen wollten als eine Neben- und Pointenlieferantenrolle. Das schöne Wort von den »zwei großen Mundart-Kindern in der Münchener Kaffeehausecke« widerspricht dem vom kindlichen und manchmal kindischen Querdenker ja nicht, ergänzt es aber um die partnerschaftliche Komponente. Und natürlich hatte auch Liesl Karlstadt schon damals ihre eigenen Fans, namentlich Walter Jerven, der sie als »nie beständig, immer veränderlich, aber stets schön Wetter verbreitend« durchaus zutreffend charakterisierte. Traf er doch so eine Grundgestimmtheit in der Person Karlstadts, die schon seit ihrer Kinder- und Schulzeit sich abzeichnete. Es war dies eine eigentümliche Denk- und Gemütsbewegung, bei der sich von einem optimistischen Anfang aus im Verlauf zunehmende Bedenklichkeiten und Skrupel einstellten, Einschränkungen und Widrigkeiten sich zeigten, die aber schließlich überwunden werden und sich durchaus in einer »zünftigen« Situation *zwecks Gaudi* oder eben in einer »zünftigen« Rolle auflösen konnten. Es ist wahrscheinlich nicht verkehrt, in einer solchen Weltsicht neben der Melancholie auch eine Portion unsentimentaler weiblicher Realistik zu vermuten, die nachdrücklicher aufs Pragmatische gerichtet war als die Wolkenkuckucksheimer Hirngespinste Karl Valentins, an deren Verwirklichung sie sich aber kameradschaftlich (fast) immer – manchmal gegen besseres Wissen – nach Kräften und nicht ohne Gewinn- und Verlustrechnungen beteiligte.

Daß es am Ende dann doch nach einer menschlich wie künstlerisch ausgeglichenen Bilanz aussah, ist das Ergebnis einer Symbiose, die in der Lage war, auch Mißverständnisse und Konflikte höchst produktiv umzusetzen und die bizarren Verhältnisse der Zeit als Spielmaterial zu nehmen. Es ist bei einer solchen Konstellation niemals möglich, den exakten Anteil des Gebens oder Nehmens zu bestimmen, unterschätzen sollte man Liesl Karlstadts kreativen Anteil am gemeinsamen Ruhm jedenfalls nicht. Er bestand sicher primär in ihrer wandlungsfähigen Kunst als Darstellerin, sekundär in der spontanen Dialog-Improvisation und wohl erst tertiär im Organisatorischen. Entgegenzutreten wäre auch voreilig-untergründigen Spekulationen, ihre physische und psychische Verfaßtheit betreffend, entschieden falsch, sie gar zum »Opfer« in einem Geschlechterkampf stilisieren zu wollen. Dazu war sie eine zu gescheite und tüchtige, eine viel zu ausgeprägte und ihrer Weiblichkeit bewußte Person, sogar oder erst recht, wenn sie sich etwa als »Gebirgsjäger Gustav« in eine weitere »zünftige« Situation begab.

An ihrer Professionalität als Schauspielerin gibt es nichts zu deuten. Zudem bewältigte sie nach dem Tode ihres Partners eine zweite erfolgreiche Karriere, einschließlich dem altersgemäßen Imagewechsel zur mütterlichen Münchnerin.

Es gibt nicht viele Darstellerinnen, an die man sich in so unterschiedlichen Gestalten wie der eines frechen Lehrbuben, eines dicklich-dümmlichen Kapellmeisters oder einer resoluten Apothekerin erinnert, der das Wort Isopropilprophenilbarbitursauresphenildimethylaminopirazolon auch deshalb wiederholt so leicht von der Lippe ging, weil sie es selbst erfunden hatte.

Wie man es dreht, wie man sie anschaut, wie man sie sich denkt: sie war eine kleine rundliche Person mit riesigen Talenten, die die Chance ihres Lebens nutzte, indem sie keine Soubrette wurde.

1. Auflage 1996
© Landeshauptstadt München. Monacensia/A1 Verlags GmbH München
Alle Rechte vorbehalten
Fotomechanische Wiedergabe nur mit Genehmigung des Verlages
Herausgeber: Landeshauptstadt München. Kulturreferat.
Monacensia. Literaturarchiv und Bibliothek. Leitung: Dr. Elisabeth Tworek
Satz: Fotosatz Kretschmann GmbH, Bad Aibling
Gestaltung und Typographie: Konturwerk, Herbert Woyke
Gesamtherstellung: A1, München
Buchbinder: Bückers GmbH, Anzing bei München
Papier: 100 g/m², ALFACCA von Classen
Gesetzt aus der 10,3/11,5 Punkt Sabon
Printed in Germany
ISBN 3-927743-23-2
Umschlagfoto: Monacensia. Literaturarchiv und Bibliothek.
Foto- und Bildnachweis: Monacensia: S. 38, 39, 40, 41, 42, 65. Valentin-Musäum: S. 43, 64, 66 unten, 67, 68, 87, 88 oben. Familienchronik Wellano: S. 17, 20, 44. Amalie Wellano: S. 18, 19, 45, 46, 66 oben, 69, 88 unten, 104, 105, 115. Hanns Holdt: S. 63. Horst G. Lehmann: S. 114. Günther Pilz: S. 103.
Trotz sorgfältiger Recherche ließen sich nicht alle Text- und Bildrechte ermitteln.
Für Hinweise dazu wenden Sie sich bitte an den Verlag.

Für die freundliche Unterstützung danken der Verlag und die Autorin:
Amalie Wellano, Gudrun Köhl vom Valentin-Musäum, Walter Fiedler und Carl-Ludwig Reichert.

Die Deutsche Bibliothek – CIP-Einheitsaufnahme
Dimpfl, Monika:
Immer veränderlich : Liesl Karlstadt (1892 bis 1960) / Monika Dimpfl.
[Hrsg.: Landeshauptstadt München, Kulturreferat; Monacensia, Literaturarchiv und Bibliothek]. –
1. Aufl. – München : A-1-Verl., 1996
(monAkzente; 3)
ISBN 3-927743-23-2
NE: GT